ガイドブック

秩父事件
改訂版

秩父事件研究顕彰協議会編

まつやま書房

目　次

① 出かける前に―
　　秩父事件とは …………7
秩父地方の自然とくらし
◆秩父事件とは

② 秩父自由党のふるさと
　　日野沢 ……………12
フィールドワークガイド
◆秩父自由党員名簿
◆村上泰治／新井チヨ／宮川津守

③ 最も早く動いた―
　　上州日野谷 ……………19
フィールドワークガイド
◆群馬と秩父事件
◆小柏常次郎／新井多六郎／新井貞吉／遠田宇市

④ 困民党たつ―
　　風布組の人々 …………26
フィールドワークガイド
◆大野福次郎／石田造酒八／大野苗吉

⑤ 秩父困民党蜂起の地―
　　吉田 ……………33
　　《下吉田・阿熊》………33
フィールドワークガイド
◆秩父困民党役割表
◆伝蔵伝説／飯塚森蔵／田中千弥

《石間・上吉田》………41
石間フィールドワークガイド
◆加藤織平／柿崎義藤／半納の戦い
上吉田フィールドワークガイド
◆困民党トリオ（落合寅市／高岸善吉／坂本宗作）

⑥ 進軍の道―
　　小鹿野・薄 ……………49
フィールドワークガイド
◆小鹿野歌舞伎／常盤屋／犬木寿作／宮川寅五郎／宮下米三郎

⑦ 無政の郷―
　　大宮郷 ……………55
フィールドワークガイド
◆地蔵院今昔／稲葉貞助の大黒柱／秩父困民党無名戦士の墓
◆柴岡熊吉／田代栄助

⑧ 政府の軍隊派遣―
　　皆野・三沢 ……………62
フィールドワークガイド
◆蓑山／新井周三郎／女部田梅吉／荻原勘次郎／皆野本陣の解体

⑨ 軍隊との激突―
　　野上・金屋 …………69
フィールドワークガイド
◆金屋戦争／木村九蔵

⑩ 新たな出発となった―
　　矢久峠・山中谷 ………74
フィールドワークガイド
◆秩父・群馬・長野の接点となった山中谷
◆黒沢円蔵、茂木賀内と謎の電報／中沢鶴吉と新田騒擾事件

⑪ 最後の戦い―
　　大日向・東馬流 ………80
フィールドワークガイド
◆大日向村開拓団
◆伊奈野文次郎／早川権弥／菊池貫平／井出為吉

⑫ 全国各地に見られる困民党員の足跡―
　　再起をめざして ………86
◆井上伝蔵／島崎嘉四郎
◆全国地図
◆秩父事件処分一覧

⑬ 文書は語る ……………93

⑭ 復権と新たな研究・顕彰をめざして ………96
◆秩父事件記念碑一覧

⑮ 秩父事件関係年表 …101

⑯ もっと秩父事件を知りたい人に ………106
◆文献案内

⑰ フィールドワーク便利帳 ………109
◆市町村役場・教育委員会案内
◆図書館・博物館・資料館
◆観光情報・ガイドブック
◆宿泊
◆東京からの電車案内

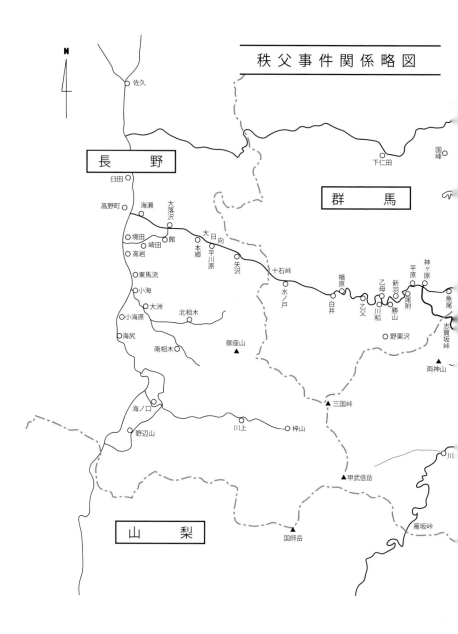

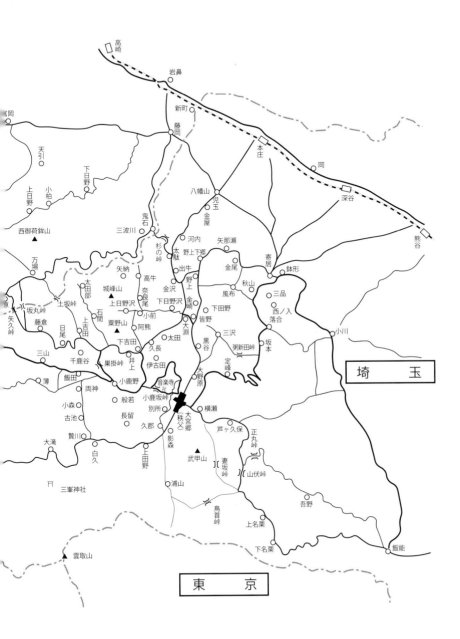

秩父地方（秩父市・秩父郡）全図

①秩父事件とは

出かける前に

秩父地方の自然とくらし

■山国秩父

　秩父は、山国である。

　後背には、今なお隆起を続ける急峻な秩父山地を控えており、村落のほとんどは、秩父盆地と西秩父盆地周辺の、農耕可能な斜面を切り開いて成立している。

　秩父山地の頂稜部はコメツガやシラビソの針葉樹、山腹は針葉樹に落葉広葉樹が混交する独特の原生林を形成している。

　渓谷は深く切れこみ、流れは深く浸食されて、狭間に滝を懸けて遡行は困難を極める。

　深山の森には各種野生動物が生息し、渓流には氷河期以来息づいてきたイワナやヤマメが跳躍する、生命の楽園であった。

　一方、村落周辺の山には、コナラ・クヌギ・クリなどが植えられ、いわゆる雑木林が作られた。かつて、この雑木林は、堆肥の原料を提供し、商品としての薪炭を提供する、生活林であった。

　秩父地方で今も盛んなきのこ狩りは、秋の雑木林の、最大の楽しみである。

　斜面での農作業はきびしい。

　ふつうに耕したのでは、石ころだらけの土が谷に落ちてしまうから、土を山側に持ち上げるように耕さねばならない

　山の畑は、文字通り、人力によって斜面にはりつけられていたのである。

　通常の畑が成り立たないようなところでは、焼き畑が行われた。

　秩父の山間部には、「大指（おおざす）」や「白井差（しらいざす）」など、「サス」という地名が多い。サスとは、焼き畑を意味する。

逆さ堀り

■まゆの国

　秩父に人間が住み始めたのは、古く縄文時代以前にさかのぼる。

　縄文時代には、秩父の各地で数多くの住居跡が見つかっており、今ほどには浸食されていなかった荒川上流には、人煙も多かった。

　生産経済時代に入ったのち、文字に残る歴史はとぎれとぎれで、人々の暮らしをしのばせる史料はあまり多くないものの、山ひだのそこここに集落が形成されていったことはうかがえる。

　近世に入ってからの秩父山地の農村は、耕地のほとんどを占める畑で雑穀を生産していたが、次第に養蚕絹織物生産の比重が大きくなっていった。

　毎年霜月の3日に行われる妙見宮（秩父神社）の例大祭に合わせて、絹の大市が立った。

　秩父の人々は、それぞれ織りだした絹を持ち寄って、集まった商人たちに売り、得た金で、金納年貢を納入するとともに、最低限の生活を維持した。

　絹の大市に華を添える付け祭りは、秩父の住民にとって最大の楽しみとなり、山国秩父の農民文化の花を咲かせた。寛政の改革時に、華美な祭礼の禁止という布令が出され、付け祭りが禁じられた時期があったが、大宮郷の村役人たちは、ねばり強い訴願の結果、禁を解くことに成功している。

　安政の開港以後、秩父の農民も、世界資本主義経済の波に洗われ、絹

秩父夜祭

繭

織物生産は、最大の輸出品となった生糸生産に取って代わられた。

これより先、幕藩制支配を支えた村の支配は、揺らぎを増していた。

年貢割付などをめぐって村役人が追及されたり、村役人の更迭(こうてつ)を要求したりする村方騒動が各地で頻発していた。

村方騒動の主体は、商品経済の展開に伴って当事者能力を身につけていた、小前と呼ばれる一般農民だった。

彼らは、幕末の経済危機に際しては、富裕な豪農による市場支配や米の買い占めに抵抗してたたかい、幕藩制秩序を根底から揺るがし、幕府崩壊の底流を形づくった。

秩父事件とは

■養蚕糸業の新段階

1859(安政6)年にヨーロッパ・アメリカとの貿易が始まってからの、日本の最大の輸出品は生糸だった。秩父の農民がつむいだ生糸も横浜に運ばれ、イギリス商人らに高値で買いとられていった。

明治に入ってからも、秩父の農民たちは、桑の増産や、養蚕製糸のための道具の改良に知恵をしぼった。

養蚕先進県群馬と接する秩父地方には、温度管理・湿度管理を徹底することで繭の安定した収穫をはかる本庄市児玉町・競進社系の「温暖育」などが導入された。また、水力を使った機械製糸工場を創業しようとする

人々や、困難ではあるが成功すれば大きな利益が見込める天蚕（てんさん）飼育に挑戦する人々もいた。

山国秩父で、斜面の多い大地に根ざした近代産業をいかにして創っていくかが、地域の課題であり、人々は、金融業者から借りた資金を設備投資に投入した。

■自由民権

明治初年から松方デフレの時期まで、ヨーロッパで蚕病が流行したことも手伝って、景気はおおむね好況に推移した。経済的な活況を反映して、村の祭りがはなやかに催され、芝居（歌舞伎）・踊り・人形芝居・相撲・剣術などの民衆娯楽・芸能が開花した。

各地から、さまざまな人々が秩父に往来し、新しい情報が秩父の谷にも流れこんだ。自由民権の思想もそのひとつである。

1879（明治12）年の下吉田・久長（ひさなが）・阿熊（あぐま）・上日野沢連合村会の記録には、「自由」や「権利」を謳歌することばが躍っている。

1881（明治14）年に、板垣退助らによって日本で初めての政党である自由党が結成された。翌年には、群馬県の自由党員の影響で、下日野沢村の中庭蘭渓が自由党に入党し、秩父に自由党の組織が作られていった。

1881（明治14）年以後大蔵卿に就任した松方正義によるデフレ政策の影響が出始めたのは、翌年あたりからだった。軍備を拡大するための間接税の増税と緊縮財政によって、各地の農村は深刻なデフレに見舞われた。

おりしも世界的な不況とも相まって、生糸の価格は大暴落し、養蚕に賭けていた農民たちの生活は破滅に瀕した。金融業者からの負債に加えて学校費の負担や、国政に関する業務の拡大によって増える町村費が彼らの負担を重くした。

1884（明治17）年2月には、自由党幹部の大井憲太郎が来秩し、演説会を開いた。

また、落合寅市の回想録によると、同年3月に東京で開かれた自由党大会の際、大井憲太郎ら有志が専制政府転覆に向けた地方の組織化を、秘密のうちに決議した。高岸善吉がこれに参加し、帰郷後秩父の自由党員らに伝えた。

この年の養蚕が終わったあと、負債に悩む秩父の農民たちは、各地で山林集会を開き、困民党と呼ばれる集団が組織されていった。その中心は自由党員であり、困民党の活動を通じて、自由党に入党する人も出てきた。

■武装蜂起

自由党中央は、政府による懐柔と抑圧によって、広範な国民を組織する展望も力量も失っていたが、在地の自由党員を中核とする秩父困民党は、請願活動や高利貸との直接交渉

をくり返す中で、武装蜂起路線を決定し、1884年10月半ば以降、資金面をはじめとする蜂起準備に入った。

決起に向けた組織活動は自由党員ら（少なくとも200名以上の党員が存在した）によって進められ、秩父地方だけでなく、秩父に隣接する埼玉県男衾（おぶすま）郡や大里郡、群馬県多胡（たご）・緑野（みどの）・南北甘楽（かんら）郡、さらには長野県南佐久郡に及んだ。

11月1日の夕刻、秩父市吉田の椋神社で困民党が武装蜂起した。総理田代栄助以下の困民党役割や五ヵ条の軍律は、ここで決定された。

困民軍は、同日深夜には小鹿野町、翌日には郡都大宮郷を占拠し、さらに皆野町に進んだ。

しかし、政府側は警察のみならず、憲兵隊や東京鎮台までを動員し、徹底的な武力鎮圧をはかった。

困民軍は、群馬県山中谷（さんちゅうやつ）をへて長野県南佐久まで転戦したが、11月9日に壊滅した。

各地の戦闘での戦死者は、困民党側で30名を超え（正確にはわからない）、警官が5名、他に無関係の女性1名が亡くなった。

事件後の裁判の結果、死刑12名を含む3821名が処罰され、事件は「秩父暴動」と呼ばれて、郷土の恥ずべき歴史として記録された。

一方、事件参加者をはじめとする、復権に向けた活動も行われ、ねばり強い顕彰運動の中で、事件の史実が解明され、事件の正しい姿が定着した。

しかし、未解明の部分も多く、今後の課題も大きい。

秩父困民党の4項目要求
一　高利貸のため身代を傾け、生計に苦しむもの多し。依って債主に迫り10ヵ年据え置き40ヵ年賦に延期を乞うこと
一　学校費を省くため3ヵ年間休校を県庁へ迫ること
一　雑収税の減少を内務省へ迫ること
一　村費の減少を村吏へ迫ること

5ヵ条の軍律
一　私に金円を略奪するものは斬
二　女色を犯すものは斬
三　酒宴なしたるものは斬
四　私の遺恨を以て放火その他乱暴をなしたるものは斬
五　指揮官の命令に違背し、私に事をなしたるものは斬

秩父自由党のふるさと
② 日野沢

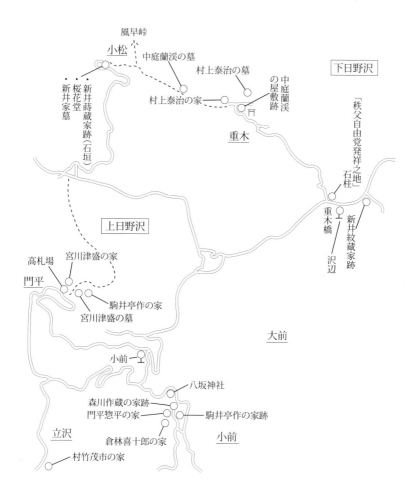

フィールドワークガイド

下日野沢重木

　皆野町日野沢は、日野沢川に沿って南北の急斜面に展開する地域である。

　秩父事件当時は下日野沢村と上日野沢村に分かれていた。

　事件当時の下日野沢は戸数197、資料で確認できる事件参加者155名、上日野沢は109戸、96名である。いずれも高い参加率を示している。

　下日野沢では新井紋蔵、新井蒔蔵ら、上日野沢では宮川津盛（つもり）、村竹茂市、門平惣平、駒井亭作らの幹部を輩出している。

■秩父自由党のふるさと

　沢辺（さわべ）耕地に建つ「**秩父自由党発祥之地**」の石柱のあるところから、急勾配の道を登りつめると重木（しげき）である。ここには秩父自由党第1号となった禊（みそぎ）**教徒の中庭蘭渓（らんけい・保道）屋敷跡**、蘭渓亡きあと秩父自由党の幹部となった**村上泰治の家**がある。

　村上家の墓地は屋敷の右の山の中腹にあり、**蘭渓の墓**は重木から小松に通じる道端にある。

　蘭渓は三山村（さんやまむら　現小鹿野町）の生まれだが、重木の中庭家の養子となり、江戸へ出て漢学

と医学を学んだ。江戸での修業の時期に禊教教祖井上正鉄（まさかね）と交流をもった。

正鉄の影響で禊教徒となった蘭渓は、布教活動を通じて上毛自由党の新井愧三郎のすすめで1882（明治15）年、自由党に入党する。

蘭渓に学んだ村上泰治も1883（明治16）年に自由党員となり、風戸耕地の木暮和十郎も泰治と同じ入党年月日となっている。翌年には小松耕地の新井蒔蔵、沢辺耕地の新井紋蔵など下日野沢村から9名、上日野沢村から竹内吉五郎が入党している。

■上州往環と女性オルグ

重木から小松耕地へ、さらに北に登ると風早峠（かざはやとうげ）である。事件当時、この道は上州往環とよばれた街道であった。風早峠を下れば、そこは矢納村（やのうむら現児玉郡上里町神泉）である。そこから神流川（かんながわ）を渡れば、群馬県鬼石町（おにしまち・藤岡市）である。

秩父事件には上州からも大勢の農民が参加しているが、上州往環を通って秩父にやってきたのであろう。なかでも小柏常次郎や遠田宇市らは小松の**新井蒔蔵家**にやってきて、ここに滞在しながら困民党組織活動に奔走したのである。

自由党員の蒔蔵は小松に大きな家を構えていた。今もその屋敷をしのばせる**石垣**の一部が残されている。蒔蔵は禁固2年の判決を受け、21歳の若さで獄死している。

秩父事件の女性裁判記録は少ないが、蒔蔵の母ゲン、蒔蔵の妹のチヨ、黒沢ウラ、それに小柏常次郎の妻ダイの記録がある。ゲンは遠田宇市に頼まれて、村内の農民たちに参加をよびかけた。小柏ダイ、チヨ、ウラの三人は、小松から風早峠を越えて矢納村の高牛と鳥羽で参加を訴えて三波川村（さんぱがわむら）まで足を延ばしている。

蒔蔵の屋敷跡の前には、新井チヨが昭和の初めころまで住んでいたといわれる**桜花堂**が今も残っている。その裏には**新井家の墓地**があるが、墓石には何も刻まれていない。

■奈良尾から門平、そして小前へ

小松から南西に下ったところが奈良尾耕地である。ここから門平（かどだいら）までは旧道がよく保たれている。木立に囲まれた旧道をしばらく進むと、やがて門平を一望できる所に出る。この右手に秩父困民党副会計長の**宮川津盛の墓**があったが、今は家の前に移転。妻の名と並んで「宮川津守藤原教霊」とある。側面には「明治三十八年十二月八日亡」と刻まれており、行年67歳であった。

門平耕地には県指定史跡「**門平高札場**」がある。

小前耕地への坂道を上りつめると、**八坂神社**に着く。ここには加藤織平をはじめ事件参加者の名前が彫り込

まれている。この小前耕地は、門平（かどひら）惣平・駒井亭作らの幹部を出しており、惣平の家ではしばしば困民党の幹部会議が開かれた。

門平惣平の家

▼交通案内

　秩父鉄道皆野駅下車、皆野町営バスで立沢行き乗車沢辺下車。フィールドワークガイド通りのコースなら徒歩約4時間。町営バス 皆野町役場企画課開発バス係 TEL 0494-62-1230

秩父自由党員名簿

中庭通處（蘭渓）	日野澤村	明 15.11.9
若林真十郎	金澤村	15.11.9
福島敬三	坂本村	16.3.2
村上泰治	下日野澤村	16.4.6
木暮和十郎	下日野澤村	16.4.6
若林哲三	金澤村	16.4.6
若林仙太郎	金澤村	16.4.6
新井うめ	金澤村	16.4.6
若林よね	金澤村	16.4.6
設楽嘉市	金澤村	16.6.20
若林栄蔵	日野澤村	17.3.23
加藤善蔵	下日野澤村	17.3.23
新井蒔藏	下日野澤村	17.3.23
新井源八	石間村	17.3.23
落合寅市	下吉田村	17.3.23
高岸善吉	上吉田村	17.3.23
坂本宗作	上吉田村	17.3.23
斉藤準次	三山村	17.3.23
新井吉太郎	下日野澤村	17.5.18
加藤角次郎	下日野澤村	17.5.18
田村喜蔵	下日野澤村	17.5.18
田村喜重	下日野澤村	17.5.18
田村竹蔵	下日野澤村	17.5.18
木暮重次郎	下日野澤村	17.5.18
新井紋藏	下日野澤村	17.5.18
竹内吉五郎	上日野澤村	17.5.18
新井寅五郎	下吉田村	17.5.18
柳原類吉	上吉田村	17.5.18
新井国藏	上吉田村	17.5.20
井上伝蔵	下吉田村	17.5.22

（明治史研究連絡会編『自由党員名簿』）

[注] 秩父自由党とは『自由党史』にある「自由党秩父部」をいう。以上の名簿は「自由新聞」に発表されたもの（公表自由党員）。これと区別するために、発表されていない自由党員を「非公表自由党員」とする。飯島積氏の研究によれば、秩父事件参加者のうち公表自由党員27名、非公表自由党員157名、自由党員と推察できる者139名、合計323名である。（飯島積「秩父事件と自由党員」秩父事件研究顕彰協議会編『秩父事件研究顕彰』第9号所収 1997年）

秩父自由党幹部
村上泰治
むらかみたいじ

　1867（慶応3）年8月28日、重木生まれ。蘭渓が1883（明治16）年に68歳で亡くなり、このあとを継いで秩父自由党の中心的役割を担ってゆくのが泰治である。自由党本部の大井憲太郎とつながりのある上毛自由党幹部の宮部襄から「党中の麒麟児」と評された。

　1884年1月下旬か2月上旬、田代栄助が村上家を訪れて入党を申し込んでいるが、泰治は警察のスパイと思い込み、適当にあしらって追い返そうとしたいきさつがある。

　同年2月に自由党の大井憲太郎が秩父にやってきて演説会を開き、これを契機に自由党入党が続出するが、この演説会を推進したのは泰治だと推察される。3月には高岸善吉らとともに東京で開催された自由党春季大会に出席している。しかし同年6月、密偵の疑惑のある自由党員 照山峻三殺害事件に関わったことを理由に逮捕され、1887（明治20）年1月に無期徒刑の判決を受け、同年6月浦和で獄死した。行年20年11ヶ月であった。

女性オルグ
新井チヨ
あらい

　新井チヨは群馬県警本部の警部の取調べに対して、自分は頭痛持ちのため三波川村の不動尊へ祈願に行こうと、11月2日小柏ダイ・黒沢ウラとともに向かったと述べている。途中ダイが困民党へ加われと触れてみようというので、「吉田村の方へ困民党が寄合いたる故、その方へ出なければ後から（困民党の農民たちが）多人数参るから出るように」と

新井チヨが住んだ桜花堂

触れたと答えている。

　警部が「汝は困民党は悪しき事と心得ざる旨申し立てるが、吉田の椋神社へ集まる困民党はいずれも竹槍

その他凶器を携えて行くのみならず、諸所にて打ち壊しをなし、また火を付けたることあるも承知」しているかと詰め寄るが、「日歩貸を壊したる話は聞きたれども、借りた金を返さずとも良き訳だと申す故、悪しき事とも心得ず」と19歳のチヨは堂々と供述している。

副会計長
宮川津盛（みやがわつもり）

　大山神社の神官を務めていた津盛は、近郷に名望があることから、上日野沢村の村竹茂市の頼みにより10月28日の門平惣平宅で開かれた小前会議に参加する。続く31日の小前会議のあと田代栄助を自宅に宿泊させている。

　11月1日朝、津盛は栄助に袴一式を与え、そろって家を出た。途中、阿熊村の新井駒吉宅に立ち寄ったとき、困民党員たちが城峰神社滞在中の陸軍御用掛吉田耕作を捕まえてきた。栄助と津盛は吉田に蜂起に加わるように促したが、吉田を説得することはできなかった。このとき栄助が「現時の所は先ず秩父一円を平均し、応援の来着をまって本県に迫り、事成るの上は純然たる立憲政体をも設立せんと欲す」と述べたと、吉田耕作は顛末書に書いている。

宮川津盛の墓

　椋宮学校で幹部たちと役割 軍律などを協議し、津盛は会計副長に任じられ、これより本陣解体まで栄助とともに行動している。1885（明治18）年1月31日、津盛は浦和重罪裁判所で重懲役9年6ヵ月の判決を言い渡されるが、1889（明治22）年の憲法大赦で帰郷した。

小前の八坂神社。梁や飾りに事件参加者の名が彫ってある

③上州日野谷
最も早く動いた

フィールドワークガイド

　群馬県多胡郡上・下日野村（現藤岡市）は秩父蜂起に際し、最も早く行動を起こした村である。

　10月30日から11月1日にかけ、判明しているだけで、日野谷からは4つのグループが秩父に赴いた。その数は40数名に上る。彼等の多くは小柏常次郎、遠田宇市らの勧めに応じて自由党に加盟した人たちである。ある農民は「近年農方一般疲弊を究め難渋につき、自由党の総理板垣退助と申す者、大阪に在て全国の人民を救のため事を起し、所々方々より一時に騒立て…、秩父郡にては本月1日を期し人民騒立て候につき、同所へ赴き模様見来り群馬県に於ても続いて騒立てる積りにつき、秩父郡の模様見に可参の勧めにて…」と、参加の動機を明確に語っている。

　また、彼らが秩父におもむいた後の11月3日、この村に入ったある役人は、この村の様子を次のように報じている。
「上下日野両村の人々の様子は、外面より見る時は平穏無事の様に見えるが、その内幕たるや四五名位ずつここかしこに集まり、密かに語り合い、好機があれば今にも、組出そうとする勢が見受けられる…」

養命寺

■小柏耕地（おがしわこうち）

　小柏耕地は当時上日野村の中心の一つで、最も多くの参加者を出したところである。

　養命寺には、信州隊の幹部となった**新井寅吉**、同じく信州隊で隊長格を務めた**小沢弥五郎**、金屋の戦いで戦死した**太田政五郎**らの墓がある。

　政五郎は金屋隊を率い、敵弾に倒れた隊長格の人物ではないかという説もある。

　墓地の脇の細い道を5分ほど上ると、視界が開け平坦な空き地が広がる。ここが、当時、この一帯に勢力を持っていた**小柏八郎治の屋敷跡**である。八郎治は自由党員と見られ、吉田町の田中千弥は「上毛日野谷小柏八郎と言うものはすこぶる大豪にて門閥家なり、当主小柏八郎は旧自由党の者なりしが、その旧家抱（けほう）と唱えし者など暴徒中に見えたりと言えり」と記録に残し、また警察の密偵は彼を北甘楽郡方面の中心人物として、その名前を報告している。近くには鎌倉時代より続くという**小柏家の墓地**がある。**新井寅吉、貞吉の生家**には貞吉の辞世の歌を記した位牌が残されている。家の裏手には**貞吉を祭った祠**がある。

■箕輪耕地（みのわこうち）

　小柏常次郎の箕輪耕地へは岡本耕地から登る。20分ほど上ると右手に小さな石碑がある。明治14年に新道開鑿を記念して建てられた**道供養碑**である。

　裏側には常次郎ら事件関係者の名前も彫られている。さらに進むと、左手に**熊野神社**の祠が見える、常次郎自らが建てたものという。ここから少し行ったところに**常次郎屋敷跡**があるが、今は草に覆われ、人家があった形跡を見つけるのは困難である。

裏に小柏常次郎の名が彫られた道供養碑

■駒留耕地（まかぶこうち）

　駒留耕地は当時、吉井方面、高山社のあった高山村、三波川村方面へと峠越えの道がつながり、にぎわったところである。集落を見下ろす高台に**新井多六郎の墓**がある。

▼交通案内

　JR八高線群馬藤岡駅下車、藤岡市営バス上平行き小柏下車（藤岡市役所 0274-22-1211）。

群馬と秩父事件

　群馬事件の失敗と、照山事件で大きな痛手を受けた上毛自由党ではあったが、南甘楽（みなみかんら）、緑野（みどの）、多胡（たご）などの各郡では在地指導者を中心に、その後も活発な組織拡大が続けられた。
「秩父で事を起こすならば群馬でも」と言う意見もあったが、結局この意見は退けられ、この地方から多くの自由党員が秩父の蜂起に参加することになる。参加者の範囲は現在の富岡市、甘楽町、藤岡市、さらには伊勢崎市にまで及ぶ。
　この方針の決定には、群馬事件以後、厳しくなった官憲の目をかいくぐっての蜂起は不可能との判断があったといわれている。
　しかし一方、新田郡で数百名の人々が、秩父と同時に蜂起するなど、広域同時蜂起を目指す動きもみられた。上日野村から秩父事件に参加したある農民は、「秩父の様子を見て来るようにとの勧めに応じて事件に参加した。帰村後、もしも幹部の呼び掛けがあれば、自由党の仲間として蜂起に参加するつもりであった」と参加の動機を語っている。秩父の情勢次第ではこれに呼応しようとする動きがあったのである。
　この頃、緑野郡不動堂村（ゆるぎどうむら）、同郡山名村、北甘楽郡白倉村など県内各所で人民が集合していた様子が記録され、広域蜂起計画との関連が注目されている。
　菊池貫平隊が信州に抜けた頃、多胡郡、北甘楽郡では新井多六郎を中心に古館市蔵、竹内嘉市ら秩父より戻った人々によって、新たな蜂起を目指す活動が展開されていた。この事も、広域蜂起計画の存在を示すものである。

小柏　常次郎
（おがしわつねじろう）

　信州に生まれ、24歳のとき上日野村箕輪耕地に養子に入った。明治15年自由党に入党。養蚕農民であるが、農閑期には屋根板割もおこない、常次郎はその職業集団の元締めであった。
　明治17年5月初旬、西上州から埼玉県児玉地方にかけての一円蜂起を決定した上毛自由党の意をうけ、新井多六郎とともに秩父に赴き組織化にあたった。準備不十分のまま蜂起にいたったため、結局群馬事件は失敗したが、常次郎はそのまま秩父に残り活動を続けた。
　自身の供述では、17年9月、落合寅市、高岸善吉、坂本宗作らに助

力を請われ、困民運動にかかわったことになっているが、それ以前から接触はあったものと思われる。

困民党の理論的指導者と見られ、落合寅市らに助力を請われた際は、妻子家財はもちろん、命も捨てる覚悟でなければ、事成し遂げることはできないと語ったという。

困民軍役割表では小荷駄方となっているが、終始本部に付き、参謀格として働いた。11月4日、本部解体の後逃亡したとされているが、逮捕されるまで何らかの活動を展開していたものと見られる。11月13日の夕方、自首逮捕される。

重懲役9年の刑に処せられ、明治23年頃特赦で出獄した。25年、下日野村の新井はると再婚、42年3月、家族を連れて北海道（今金町御影）へ移住した。大正3年、出稼ぎ先の樺太で亡くなった。72歳であった。

新井多六郎
あらい たろくろう

小柏常次郎とともに早くから秩父に入り組織化に努めた。菊池貫平率いる一隊が山中谷から信州に入った頃、多胡郡の東谷村（ひがしゃむら・現多野郡吉井町）、北甘楽郡の天引村（あまびきむら・現甘楽郡甘楽町）などで組織活動を展開した。

この様子は、「今回の暴徒の巨魁の一人である日野村新井多六郎が近村を煽動しているとのことである。その内容を聞くと、今や群馬県の巡査はすべて下仁田方面に出張し、手薄となっている。この機を失せず再挙すれば、人員は少なくても事を成し遂げることができるだろう、と述べたとの事…」と伝えられ、新たな蜂起の動きとして、官側を動揺させた。

父親の弁蔵は、村の学務委員を務めたこともあり、新井家は下日野村でも有数の資産家であった。なお、新井家では父親の弁蔵、兄の藤市、弟の品蔵の4人が事件にかかわったかどで逮捕された。秩父事件中、家族4人もが逮捕された例は他にない。

新井家の内部

父親とともに参加した

新井貞吉
あらい ていきち

　上日野村の出身、当時22歳、17年2月ごろから父親の寅吉、遠田宇市らと自由党の組織拡大に努めた。11月1日、一隊を率いて上日野村を出発し、武の鼻の渡し付近で本隊に合流した。
　菊池貫平率いる信州隊に加わってからは、父親とともに幹部となり、抜刀隊を率いて活躍した。
　「自由党の主義は何か」との尋問に、「高利貸しや銀行が利息をむさぼり、そのため金融が閉塞し、多くの人々が苦しむことになった。そこでこれらを打ち毀し、貧民を救うというのが自由党の主義である」と答えるなど、平等主義を理想として行動した様子がうかがえる。
　海の口の戦いの後、山梨に抜けたが、増富村黒森で捕らえられた。十国峠の前川巡査殺害にかかわったとして、死刑に処せられる。
　位牌の裏に辞世の句がある。
「国うれふ心のくもりはれもせで死出の旅路をたどる我身は」
　父親の寅吉は10月30日、一隊を率いて秩父に向かうが、これが蜂起に際して最も早く行動を起こした人々であった。
　信州まで遠征し逮捕されたある秩父の農民は、所属の隊を「自由隊」隊長を新井寅吉と答えている。寅吉らが率いたとされる「自由隊」の組織については未解明である。寅吉は馬流の戦いの後、山中谷で逮捕され、軽懲役6年の刑に処せられた。

貞吉の祠

遠田宇市
おんだういち

　北甘楽郡国峰村（くにみねむら・現甘楽郡甘楽町）の人、同村の斉藤家に生まれ、遠田家に養子に入った。事件当時33歳。事件には弟の斉藤林次郎とともに参加した。

　遠田家は代々名主を務めた家柄で、斉藤家もまた村医者を務めるほどの名門であった。小柏常次郎と並ぶ群馬側の中心人物で、常次郎が秩父に活動の中心を移した頃からは、群馬側の中核となって組織化にあたった。宇市の組織した村は多胡郡、緑野郡 北甘楽郡など広範囲にわたる。本文中に紹介したある農民の参加理由「近年農方一般疲弊を究め難渋につき、自由党の総理板垣退助と申す者…」は、遠田宇市らが農民に働きかけたときの言葉である。31日に一隊を率いて秩父入りし、武器駆り出しなどの任務を受け持つが、2日から6日にかけての動きは明らかではない。信州隊が白井宿に到達した頃から幹部のひとりとして再び名前が登場する。海の口の戦いの後、捕らえられ、軽懲役7年6か月の刑に処せられる。出獄後のことは明らかではないが、遠田家はやがて没落した。北清事変の時、息子の袈裟太郎が大陸に出征し、宇市もそれについて軍属として満州へ渡った。宇市はそこで亡くなったと伝えられている。

写真は小柏常次郎の家跡だが、現在は朽ちて残骸だけがある

④風布組の人々
困民党たつ

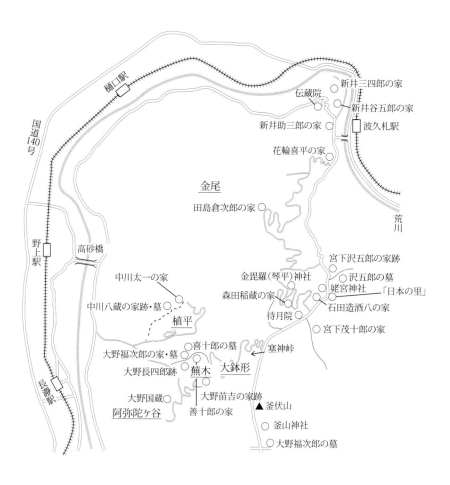

フィールドワークガイド

　この地風布（ふうっぷ）は隣村金尾（かなお）とともに風布組をつくり、全軍蜂起の前日1884（明治17）年10月31日から、組織的抵抗が終わる11月9日まで、事件全過程で終始村人の姿を見ることのできる稀有の村である。
　当時は風布村は89戸、金尾村は62戸の村であった。
　現在は、金尾村は大里郡寄居（よりい）町に属している。風布村は寄居町と秩父郡長瀞（ながとろ）町に分けられた。現寄居側に西沢・中組・下組・釜伏（かまぶせ）の耕地が、現長瀞町側に大鉢形・蕪木（かぶらぎ）・阿弥陀谷・植平の耕地がある。

■最後まで戦いぬいた金尾の人々

「あそこのじさまは本家だけに、責任を感じて信州の方まで行ったつうね」「あそこは参加したけど、うまく逃げおおせたそうで」「花輪喜平さんは、警官に捕まるんが、我慢できなかっただんべぇ、捕まる寸前に井戸に身を投げたんだと聞いてるよ」
　こんな言い伝えを残す金尾は、隣村の呼び掛けに応えて事件に参加している。10月29日、**伝蔵院**に集まった人々は、風布村が蜂起すれば武器を持って参加することを申し合わせ

事件参加者の名が染め抜かれた祭礼旗

た。蜂起の中で多くの戦士を生み出した。児玉金屋の戦闘ののち自死をはかった**新井助三郎**、負傷した花輪辰五郎・新井小四郎、信州東馬流（ひがしまながし）の戦闘に参加した**田島倉次郎・桑原定八兄弟**、**新井三四郎**、柴崎才次郎らがいた。
　最後の東馬流まで進む三四郎は、「旗持ちが一番に進まなければ後のものが進まない」といわれ、「金尾村」と記した旗を持って先頭を歩いた。このような農民たちによって秩父事件は支えられていた。

27

■困民党拠点のひとつ風布

　秋ともなると、みかん狩りの人々が押し寄せ、狭い道路に車が連なる。日本百名水となった「日本水」（やまとみず）を求める人々も、**釜山神社（本来は釜伏神社**であったが、伏せるのは戦意高揚に良くないと戦時中に変名させられた）に向かう。

　釜山神社の4月例大祭には、一時期までは、秩父事件の中心人物たちの名前が染め抜かれた祭礼旗が風に靡くのを見ることができた。大野福次郎、石田造酒八、森田稲蔵、大野国蔵などが1894（明治27）年に奉納したものである。

　まるで蜂起10周年を記念しているかのようである（今は保存のために新しい祭礼旗が掲げられている）。

　風布は、釜伏神社を軸に村人が結集していた。十三夜の月光のもとに、号砲が釜伏峠方向から聞こえ、城峰方面からも一発聞こえた。事件の時、村人は**姥宮（うわみや）神社**の式幕を切って白鉢巻き白襷にしたという。

　学務委員だった宮下沢五郎は知識人として人望が厚く、若者に弓術も指導し、花火師としての技術を持っていた。自由党員拡大の中心の一人として活躍し、粥新田峠（かゆにだとうげ）の戦い後自首して出た。

　農民たち百数十名が集まった**琴平（金毘羅）神社**には、文久2年の俳額が掲げられているが、今は**2つの秩父事件碑**が立っている。かつて事件88周年のころ、100歳になろうとする古老から「月明かりで道を

琴平神社（金毘羅）の事件追念碑

登っていくと煙が立っていたことを目に見えるように思い出す」とか、炊き出しのにぎり飯を乗せた戸板などの話を聞くことができた。

■釜伏神社から長瀞風布へ

釜伏神社の墓所に寄ると、そこに風布組隊長の**大野福次郎の墓**がある。神社の総代を務めていたことによる。少し上ると村人の精神的結集地**釜伏神社（釜山神社）**である。塞神峠（さいじんとうげ・さいのかみとうげ）から車道ではなく細い山道を下ると、字が読めなくなって石だけとなった石仏など石造物を見る。

まもなく、大鉢形耕地である。風布組の組織者のひとりで甲大隊副隊長となった**大野苗吉の家跡**は直ぐ下にある。

◆蕪木耕地の人々

蕪木耕地は、今も「まわり念仏」が行われ、今も昔も結束が固い。風布組隊長大野福次郎や信州東馬流で戦死した福次郎の親戚・**喜十郎**、信州で左肩をうちぬかれて捕らえられた**大野長四郎**らの耕地である。喜十郎は「いきばて」（途中で行方不明となった人）となり、89年後の1973年に遺族によって信州の戦死地から土が墓に入れられた。その時、墓誌には参加した10月31日が刻まれる。墓地に埋葬したあと、遺族の夢枕に「福次郎」と「喜十郎」と思われる後ろ姿が立ち、ふたりで親しげに話していたという。

耕地オルグのひとり長四郎は木島善一郎の作った爆裂弾を持っていたために厳しい取り調べを受けたが、その態度の堂々としていたことを「理非をわきまえるのはかれだけである」と新聞が報じている。90数年後、はるか北海道から、獄死した地・樺戸（かばと）集治監の土が小池喜孝氏らの手でもたらされ、墓前祭ののち長四郎の墓に入れられた。

◆阿弥陀ヶ谷耕地の勇者

阿弥陀ヶ谷（あみだがや）耕地にも勇者がいる。最後の東馬流の戦闘に参加し、腹に弾を抱えたまま、再びこの地に戻ってきた**大野国蔵**という村会議員である。途中で信州の村人に見つかったときも事情を話して、大きな握り飯までもらって逃がしてもらい、風布に帰った。弾丸を錐で取り出し、野上分署に自首して出る。孫の彦次氏は風呂に入るたびに、この摘出跡に指を突っ込んで遊んだという。帰村後は、村人の相談役となって活躍し、「ほとけの国さん」の異名をもらった。

大野国蔵家に残る村会議員証

◆植平耕地の人々

　植平耕地では中川八蔵がただひとり戦死している。児玉・金屋の戦闘で東京鎮台兵と戦ってなくなったと伝えられている。その屋敷はないが、墓地に八蔵の名が刻まれた墓が残っている。

　その上の屋敷が風布一の豪農・中川太一の家で近村農民に金融もしていた。自由党入党願を出してはいるが、事件には積極的にかかわっていなかった。

▼交通案内

秩父鉄道波久礼駅下車、寄居橋を渡り金尾経由で寄居風布。同長瀞駅下車、金石水管橋を渡り井戸経由で長瀞風布。

風布組隊長
大野福次郎
（おおのふくじろう）

　1850~1894 風布村困民党の中心人物。母の手ひとつで育てられた福次郎は、村で「大天狗」と呼ばれるほどに利発な子どもであった。

　1884（明治17）年7月中旬に困民党に加わって、警察への高利貸説諭請願、高利貸への年賦請願など精

事件前夜まで積まれた福次郎家の石垣

力的に活躍した。その間、井上伝蔵に勧誘されて自由党に加盟し、森田稲造とともに49名という自由党員を組織したが、10月31日のおんだし河原で警官隊に、全軍蜂起の直前に逮捕されてしまったのである。

　取り調べの過程でも「悪うございました」とは一言も発せず、それが寿命を縮めたといわれている。「憲法恩赦」で風布に帰った彼は、子どもたちに死した仲間の畑仕事をまず行うことを指示し、自分の土地は月明かりの中でやったことも多いという。この律儀が事件を支えたものであろう。

　1894年、総代を務めている釜伏神社の例大祭に出掛け、倒れた。その日、参道に困民党幹部の名前が染め抜かれた祭礼旗がはためいた。福次郎の墓は釜伏神社と大野家屋敷地と2つある。また、釜伏神社の神楽の座長を務め、子孫の事跡を語ってくれた「現代の語り部」長作氏の墓も山腹から谷を見下ろしている。

　福次郎の家では、事件前夜まで村

人の手で石垣積みが行われていたというが、その石垣が1998年9月の大雨で崩れてしまった。

風布組小隊長
石田造酒八（いしだみきはち）

公訴状等が入っていた文箱

1856~1928 風布村小隊長。秩父事件の88年後にこの家の仏壇から黒光りした文箱が見つかった。中から困民党の人々が「尋常ならざる」手段に至る過程と自分たちの正当性を主張する公訴状などの裁判関係文書が出てきた。「暴徒・暴動」と呼ばれた時代にも保存しつづけ、自分たちの行為の正当性を子孫に伝えようとする造酒八の、事件に対する気概を感じさせるものがある。その文書によると、8月頃困民党に参加し、福次郎とともに、債主や警察署への高利貸し説諭の請願活動に活躍し、願いが聞き届けられず「最早尋常ノ手段能ク成スニ足ラズ」という気持ちになったという。

乙隊の弾薬運搬に従事し、小鹿野、大宮郷、太田村へと転戦した。11月9日、熊谷警察署に自首する。判決は軽懲役6年。憲法恩赦で出獄後も、柔術の心得を生かして、村人の治療を無料でするなど終生村人のために過ごした。

甲大隊副隊長
大野苗吉（おおのなえきち）

1862~? 苗吉にかかわる唯一の文書である物色票には、事件当時20歳位と記されているが22歳が正しい。顔は丸く、色は中黒で、長い散髪であると物色票にはある。「音声低シ」ともある。

両神村の逸見道場（甲源一刀流）に通ったと言い伝えられている。養蚕家として、横浜の生糸取引にも関係していた。福次郎・造酒八らとともに「恐れながら天朝様へ敵対するから加勢をしなければ切る」と呼び掛け、風布組結成の中心となっていた。蜂起時には、甲隊副大隊長となって困民党軍全体の指導にあたっていた。困民党本部解体後の激戦地金屋の戦闘で、「進め、進め」と切り込んでいって戦死した人物が苗吉

苗吉がまつられている祠

であると推測されているが、「南甘楽郡ノ山中」を苗吉が越したという証言や「信州」で見たという証言もある。欠席裁判で軽懲役7年6月に処せられた。10月31日付で「失踪宣告」がなされ、墓はない。苗吉の名が記された木札が納められている祠が庭にあるだけである。八幡武大神の木札に「通名苗吉、大野新吉の長男也」の文字が読み取れる。

長瀞風布で、今も行われているまわり念仏

秩父困民党蜂起の地
⑤吉田

《下吉田・阿熊》

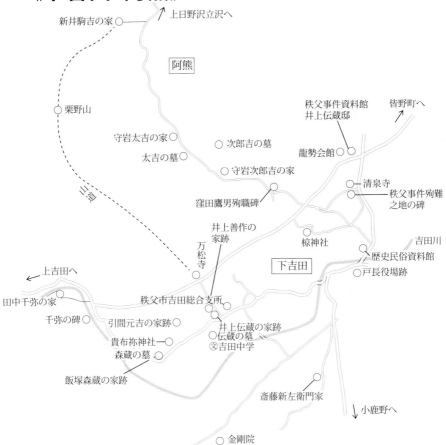

フィールドワークガイド

椋神社

椋神社境内の青年像

　下吉田村の当時の戸数は510戸、資料で確認できる事件参加者は335人、阿熊付（あぐまむら）は79戸、55人である。下吉田からは井上伝蔵、飯塚森蔵、井上善作、落合寅市など、阿熊からは守岩次郎吉、新井吉らが幹部となっている。

■道の駅から椋神社へ

　道の駅龍勢会館の隣に**井上伝蔵の丸井商店**が復元され、秩父事件資料館・井上伝蔵邸となった。

　清泉寺（せいせんじ）前に秩父事件遺族会が建立した**「秩父事件殉難之地」の碑**がある。11月1日、警官隊との戦いが行われた新志坂（あたらしざか）で蒔田村の年代道蔵が戦死。神奈川出身の柏木太郎吉が重傷を負った。死に瀕し苦しんでいる太郎吉を憐れみ、門平惣平がその首をはねた。

　武装蜂起の舞台となった**椋神社**には、事件百周年を記念して建立された**記念碑とブロンズ製の青年像**がある。明治政府によって「暴動」「暴徒」とされ、事件参加者やその子孫は肩身の狭い想いをしてきたが、地道な研究と秩父事件を正当に評価しようとする運動によって、100年にしてようやく記念碑を建てることができた。近年、この一角に新しい案内板がつくられた。

■井上耕地

　井上耕地には**井上伝蔵の屋敷跡と墓**がある。井上家は丸井商店を営み、代々井上伝蔵を襲名しており、秩父事件の時の伝蔵は6代目にあたる。

　1879（明治12）年下吉田・久長・阿熊・上日野沢村町村会議が開かれた。投票の結果、伝蔵は副議長となった。その後、下吉田村戸長役場の筆生となり、1884（明治17）年5月に自由党に入党した。そして、困民党組織づくりの中核として活動し、自宅を幹部会議の会場としている。蜂起での役割は会計長であった。（89ページ参照）

　屋敷跡には、伝蔵の顔と屋敷の写真を組み込んだ案内板がある。沢をへだてた南側の畑の一角に墓がある。「覚翁良心居士」がそれである。

　伝蔵屋敷跡から5分ほどのところに**貴布祢（きふね）神社**がある。この神社の神官が『田中千弥日記』を残した田中耕地の田中千弥である。

　神社の境内に隣接する場所に乙大隊長飯塚森蔵の墓がある。墓の裏面には森蔵が白糠コタンに潜伏していたと刻まれているが、その後の調査で愛媛県八幡浜で死亡したことが判明した。

■武装蜂起期日を決めた粟野山会議

　井上耕地の万松寺の脇から栗野山（あわのやま）に登る。ここは武装蜂起の日取りを決めた山林会議が開かれたところ。

　困民党の合法請願運動の道が断たれた、10月12日の伝蔵の家で開かれた幹部会議は蜂起を決定した。同月26日、田代栄助たち幹部数十名が栗野に集まった。この会議で田代は30日間の蜂起延期を提案し、井上伝蔵がこれを支持した。

　田代の延期の理由は、①一命をかけて大事を決行するからには身辺をかざっていさぎよく討死にする準備がしたい、②30日の猶予があれば、群馬、長野、神奈川、山梨の一斉蜂起が可能だ、と。

　しかし田代の提案は、「窮民等債主の督促を避け、所々に流寓し、多くは家に還らざるの状況を以て、衆皆延期を好まず」として否決された。そこで田代はさらに15日の延期を主張したが、認められなかった。それほど農民たちの負債をめぐる事態は急迫していたのである。結局、粟野山会議は蜂起の期日を11月1日と決定した。

　今、ここには「秩父事件蜂起決定の地」の案内板が建てられている。

井上伝蔵の屋敷

■阿熊村室久保

粟野山から東へ下れば阿熊である。下った最初の耕地が室久保(むろくぼ)で、ここには、鉄砲隊長の新井駒吉の屋敷があったが、その後取り壊された。

1884(明治17)年9月6日、田代栄助が参加して開かれた会議の会場が駒吉宅である。

阿熊村には駒吉のほかに役割表に記されている弾薬方の守岩次郎吉がいる。本部解体後、菊池貫平隊に加わり山中谷から信州へ進出して、軽懲役7年に処せられている。

■阿熊街道

旧阿熊村は北から南へ阿熊川が流れ、川に沿って阿熊街道が走る。阿熊川の上流には上日野沢村の立沢(たつざわ)耕地があり、さらに登れば城峰山(じょうみねさん)である。

この街道に守岩太吉の墓がある。太吉は武器をもって事件に参加するが、家人が巡査をかくまったとして殺された。

阿熊川を下ったところが下吉田村で椋(むく)神社につながる。椋神社近くに1943(昭和18)年に建立された「窪田鷹男殉職碑」がある。昭和18年といえば、窪田巡査の60回忌であり、アジア太平洋戦

当時の新井駒吉の家

争のさなかであった。その後、吉田小学校の児童はこの碑にお参りさせられたという。

■関耕地から赤柴の金剛院へ

関耕地に入ると右側に井上伝蔵をかくまった斎藤家がある。

事件当時の戸主は斎藤新左衛門。23歳の息子・貞作が蜂起に参加して1円50銭の科料を受けている。伝蔵がこの土蔵を抜け出した直後、土蔵もくぐり門も人手に渡さなければならなかったという。

吉田川を挟んで井上耕地の対岸に赤柴の金剛院はある。墓地の左側上部に「作太郎地蔵」がある。高野作太郎は有期徒刑12年で釧路集治監へ送られ、硫黄山の硫黄採掘の労役を科せられた。渡道わずか1年余の1886(明治19)年に獄死した。兄の岩松は作太郎の冥福を祈って、この地蔵をつくった。

作太郎地蔵

▼交通案内

西武秩父駅より西武バス吉田元気村行き龍勢会館前下車。問い合せ先・西武観光バス秩父営業所(0494-22-1635)

秩父困民党役割表

役割	氏名	年齢	出身地	刑罰
総理	田代 栄助	51	大宮郷	死刑
副総理	加藤 織平	36	石間村	死刑
会計長	井上 伝蔵	30	下吉田村	死刑
会計副長	宮川 津盛	56	上日野沢村	重懲役9年6月
会計兼大宮郷小隊長	柴岡 熊吉	46	大宮郷	軽懲役8年
参謀長	菊池 貫平	37	長野県北相木村	死刑
甲大隊長	新井 周三郎	22	西ノ入村	死刑
同副隊長	大野 苗吉	22	風布村	軽懲役7年6月
乙大隊長	飯塚 森蔵	30	下吉田村	死刑
同副隊長	落合 寅市	35	下吉田村	重懲役10年
上吉田村小隊長	高岸 善吉	35	上吉田村	死刑
飯田村三山村小隊長	犬木 寿作	33	飯田村	軽懲役7年6月
三山村小隊長	今井 幸三郎	38	三山村	軽懲役7年

風布村小隊長	石田造酒八	27	風布村	軽懲役6年
阿熊村上日野沢村小隊長	村竹 茂市	45	上日野沢村	軽懲役7年
白久村贄川村小隊長	坂本伊三郎	34	白久村	軽懲役6年
下影森村小隊長	塩谷 長吉	61	下影森村	―
蒔田村小隊長	宮田弥十郎	45	蒔田村	罰金5円
下日野沢村小隊長	新井 紋蔵	31	下日野沢村	軽懲役6年
三沢村小隊長	萩原勘次郎	23	三沢村	軽懲役8年
兵糧方	井上 善作	41	下吉田村	軽懲役6年6月
同	新井繁太郎	46	石間村	重禁固4年
同	泉田 蔀	21	下小鹿野村	免訴放免
軍用金集方	井出 為吉	25	長野県北相木村	軽懲役8年
同	宮川寅五郎	40	静岡県浜松	有期徒刑15年
弾薬方	守岩次郎吉	20	阿熊村	軽懲役7年
同	門松庄右衛門	53	三品村	軽懲役6年
鉄砲隊長	新井悌次郎	44	石間村	軽懲役6年6月
同	新井 駒吉	49	阿熊村	軽懲役6年
小荷駄方	横田 周作	31	群馬県三波川村	軽懲役8年
同	小柏常次郎	42	群馬県上日野村	軽懲役9年
伝令使	門平 惣平	31	上日野沢村	重懲役11年
同	坂本宗作	29	上吉田村	死刑
同	嶋田清三郎	37	本野上村	重禁固3年6月
同	駒井亭作	28	上日野沢村	罰金7円
同	高岸 駅蔵	44	石間村	軽微役6年6月
同 病気ノ為不参加	新井 森蔵	―	大野原村	事件後行方不明
同	堀口幸助	28	群馬県浜川駅	重懲役9年

其他名前不知者三十人許　（田代栄助訊問調書を一部訂正）

会計長

伝蔵伝説

　秩父事件後、井上伝蔵は北海道に渡り、再起を果たせずに亡くなった。しかし旧吉田町には、「苦しい時代になると伝蔵が再び戻ってきて農民を救ってくれる」という「伝蔵伝説」が生まれた。この伝説を裏付ける史料が、大棚部（おおたなぶ）耕地から見つかっている。 高岸善吉の遠縁にあたる家の神棚から「井上伝蔵様 御家運御寿命長久御子孫繁栄 敬白」と書かれた祈願文がそれである。

神棚にあった祈願文

　官側から「秩父暴徒は火付け、強盗殺人犯」といったレッテルをはられ、それに抗しがたい状況がつくられていくなかで、伝蔵や幹部への「軍用金持ち逃げ」などの中傷もあっ

た。この「伝説」は、そうした支配思想に対するひそやかな抵抗の所産だといえよう。

乙大隊長
飯塚森蔵

1854（安政1）年下吉田生まれ。田中千弥に学ぶ。1882（明治15）年4月より群馬県南甘楽郡平原村で小学校の教員を務めたが、いつ教員をやめたかわからない。

1884年4月には下吉田村の自宅において門平惣平と2人で、惣平の義弟にあたる下吉田在住の椋宮学校上日野沢分校教員引間元吉を自由党に入党させている。

困民党の組織化が始まる過程で指導部の一員として各所の集会に参加し、8月中旬には田代栄助の参加を要請するため井上善作とともに栄助宅を訪問した。10月末には蜂起決定を信州に伝えるため門平惣平と南佐久郡北相木村へオルグにでかけている。

事件後欠席裁判で死刑の判決を受けたが、そのゆくえは長くわからなかった。秩父事件顕彰運動の広がりのなかで、北海道の研究者から森

森蔵の肖像画

蔵は白糠アイヌコタンで生涯を終えたという説がだされ、一時期脚光を浴びた。しかし、その後の親戚関係者の追跡調査によって、大分県臼杵市や愛媛県八幡浜市から戸籍が、また八幡浜の大法寺の過去帳に「飯塚森蔵 明治二十六年十二月二十三日 行年四十歳」と記載されていたことが発見された。

貴布祢神社神官
田中千弥

千弥（せんや）1826（文政9）年、下吉田村田中で生まれた。田中家が代々神葬祭の家であったため神道に近づき、1873（明治6）年戸長の推挙により神官試験を受験、2年後には教導職試補、1882（明治15）年には下吉田村社貴布祢神社の神官となり、翌年には教導職訓導に昇進している。

千弥はまた文学的素養もあり、俳句、和歌、漢詩文に及び、県内外の文人たちと交流したことが日記からうかがわれる。

『田中千弥日記』は、秩父地方の姿を伝える近代史の貴重な史料であるとともに、秩父事件の基本史料といえる。

この日記から秩父事件関係の部分を取り出して後に編集したのが「秩父暴動雑録」である。

秩父事件に対する千弥の態度は、「暴徒」、警官に対しても批判的であり、傍観者の立場をとっているが、

参加民の言動を詳細に記録している。「今般自由党の共、総理板垣公の命令を受け天下の政事を直し、人民を自由ならしめんと欲し、諸民のために兵を起こす」「官省の吏員を追討し、圧制変じて良政に改め、自由の世界としって、人民を安楽ならしむべし」など、農民たちが叫んだ言葉を記している。

《石間・上吉田》

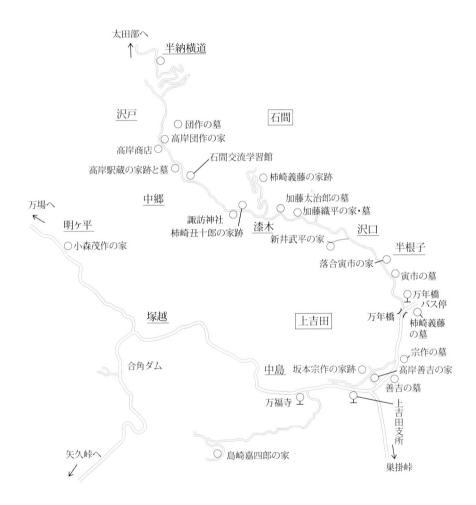

石間のフィールドワークガイド

　万年橋（まんねんばし）から石間（いさま）谷に入るが、**落合寅市の家と墓のあるところは半根子（はんねっこ）耕地で下吉田に属する。寅市の墓**は浄水場の右脇を上った墓地に2基ある。手前の「落合寅市之墓」と右奥にある墓である。

　上水場から道路の右側に見える最初の家が落合家だ。落合家を通りすぎると、小さな沢があり、ここから奥が旧石間村である。

　旧石間村は沢口・漆木（うるしぎ）・中郷・沢戸（さわど）・半納（はんのう）耕地からなる。

　事件当時の石間の戸数は157戸、資料で確認できる参加者は140名。死刑3名、無期徒刑1名、重禁固7名、軽懲役2名。参加率の高さと重い刑罰を科せられたことが、他村と比較して特徴的である。

■沢口から漆木へ

　沢口耕地には副総理となった**加藤織平の屋敷**が道路を見下ろすように建っている。家屋の左に事件当時の白壁の土蔵があったのだが、傷みがひどいので取り壊された。

　この土蔵で自由党の、そして困民党の会議が何回も開かれた。家の前の道路に面した小高いところに「**加藤織平之墓**」がある。台石には「志士」と彫られている。これは立憲志士の意味。墓の側面には「明治十八年五月十八日　内厳寂照居士　加藤織平贈名」と刻まれている。年月日は、死刑執行が行なわれた日である。

　墓の正面の左下には「斎藤楠斎敬書」とある。本名を斎藤謙二といい、書家であるとともに下吉田村の戸長を務めた人物である。

　加藤太治郎の墓は下漆木にある。「加藤織平之墓」から徒歩で3分くらい上った道路の右上の墓地に「加藤家先祖代々之墓」がある。裏面に代々の名が刻まれていて「加藤太治郎　享年四十九才」が見える。太治郎は耕地の指導的役割を担った人物であり、剣術の達人であったといわれる。11月4日、半納横道（はんのうよこみち）で警官隊との戦いが展開された。この戦いで高岸団作と太治郎が柱野警部を殺害したとして、死刑を宣告された。

　乙隊の抜刀隊に属した**柿崎義藤の墓**は、漆木の柿崎家の墓地にあったが、現在は万年橋のある矢畑に移転。義藤は無期徒刑となり北海道樺戸集治監に送られ、明治十九年七月一日獄死。新しい墓地には記念碑が建っている。

■中郷から沢戸へ

　旧石間小学校を改装した**石間交流学習館**の2階が秩父事件資料館となっている。絵画、版画、文書資料、繭・生糸、養蚕製糸の用具等が数多く展示されている。

　中郷の旧石間小学校のプールの脇を上ったところに**高岸駅蔵の屋敷跡と墓**がある。駅蔵を祀る祠もここにある。

　駅蔵は慶応年間に石間村名主を務め、その後も1872（明治5）年と1880（明治13）年に石間村の戸長職にあった。

　事件当時は石間村連合衛生委員を務めている。駅蔵の蜂起での役割は伝令使である。11月4日の金屋の戦いで東京鎮台兵の銃撃を受けて逃走し、13日に自首。軽懲役6年6ヵ月の判決を受け、服役中の1887（明治20）年12月24日、浦和監獄で獄死した。

　沢戸耕地のタバコ屋が**高岸団作の子孫**にあたる。元の**屋敷**は右上にあり、屋敷の左脇の杉林の中の坂道を上ると「**高岸家先祖代々之墓**」がある。裏面の3人目に、「故高岸団作 明治十九年十月三日 行年四十二才」とある。

　加藤大治郎とともに死刑の判決を受けたが、団作は獄死している。団作は鉄砲隊長となった沢口の新井悌次郎の弟であり、また悌次郎の長女を養女として迎えていた。

■半納横道

　城峰山麓に位置する半納横道（はんのうよこみち）は事件当時6軒の家があった。

　ここで11月4日午後2時ごろ、群馬県から派遣された警官隊を困民党軍が待ち伏せして、戦いが展開された。警察側は1名が死亡、警官と農民が2名ずつ重軽傷を負った。

▼交通案内

　西武鉄道西武秩父駅下車、西武バス吉田元気村行き万年橋下車、万年橋から半納まで徒歩約3時間。西武観光バス秩父営業所 0494-22-1635）

副総理

加藤織平
（かとうおりへい）

　石間村の上層の農家に生まれ、事件当時36歳。坂本宗作や井上伝蔵等の切望により困民党運動に参加すると、木下丑松外4名の約150円の借金証書を返却し、以来もっぱら細民救助に意を注いだ。

　のちに甲大隊長となる新井周三郎が、石間村に教員の職を得ようとして訪れたのが織平宅であり、また上州日野谷の小柏常次郎がやってきたのもここであり、信州の菊池貫平や井出為吉が草鞋を脱ぐのもここで

あった。このことを見ても重要人物であることがわかる。

蜂起では副総理となり、大宮郷占

加藤織平の墓

領の指揮をとった。11月4日の皆野本陣解体後は川越を経由して東京神田に潜んでいたところ、6日に逮捕された。

「加藤織平之墓」は、憲法恩赦で出獄した落合寅市が、同志に副総理の碑建立をよびかけて寄付金を募り建立した。台石の「志士」に警察が腹を立てて削れといってきたが、寅市は突っぱねたというエピソードがある。建立の時期は明治30年代とも、明治末期ともいわれるがはっきりしない。よく見ると墓の角の所々が小さく欠けている。これはアジア太平洋戦争の時代、学校に通う子どもたちが石を投げつけたために欠けたものだという。当時の学校教育を偲ばせる話である。

北海道で獄死した
柿崎義藤(かきざき ぎとう)

裁判言渡書によれば、義藤が困民党活動に参加したのは、1884(明治17)年8月末巣掛峠(すがかりとうげ)で開いた山林集会からだという。

10月14日には田代栄助たちとともに横瀬村の富田源之助宅と柳儀作宅への資金強奪作戦に参加。蜂起には乙隊の抜刀隊に加わった。裁判では小鹿野の高利貸の家に放火したとされ、無期徒刑の判決を受けた。北海道の樺戸(かばと)集治監に送られ、1886(明治19)年獄死。

事件から90年後の1974年、北海道の研究者の骨折りで月形町篠津山霊園の囚人墓地において、北海道で殉難した10人の民権家の慰霊祭が開催された。この慰霊祭には旧吉田町から義藤の遺族も参加され、霊園の墓土を持ち帰った。

警官隊を待ち伏せした半納横道の戦い

　11月4日、万場分署長佐藤警部補と矢部巡査、それに高崎警察署の柱野警部が率いる巡査10余名が太田部村で合流し、石間村半納に向かう。

　警官の動きを城峰山で農民たちが見張っていた。困民党軍側は50〜60名ぐらいと思われる。これは島崎嘉四郎の指揮下にあった部隊の一部と、地元の農民たちで組織されたもので、半納横道の戦いを指揮したのは嘉四郎の弟・島崎弥十郎（弥重）であった。

　警官隊が半納横道に到着し、数戸に立ち寄るがいずれも人はいなかった。そこへ山林から日尾村の強矢徳次郎が駆け下りてきて、警官隊を岩城福蔵宅へ導く。しばらくして、徳次郎が西方の竹林を指して逃走するやいなや困民党軍の一斉射撃が始まり、警官隊が応酬する。そして白兵戦が展開された。

　戦闘は約1時間続いた。この戦いで隊長の柱野警部が死亡、西川弥七郎・吉田彦逸巡査が負傷。困民党側は漆木の柿崎丑十郎が重傷を負い、半納の城口定吉が負傷した。

　弥十郎の指示で徳次郎は戦死した

堂の尾根

柱野警部の首を切り、竹槍で刺して堂の尾根に立てた。

　柱野警部殺害のかどで高岸団作と加藤太治郎が逮捕され、最終的には死刑を宣告されるが、裁判文書をみると死刑判決に疑問を抱かざるをえない。

　柱野警部は困民党軍の投石と発砲により、道の下の杉林に転落して仰向けに倒れた。追いかけてきた高岸団作が脇差で警部の顔に2ヵ所切り付け、加藤太治郎が刀で腹を刺した。だが、これらの傷は「致命傷ではない」という医師の鑑定があり、この事実は重い。

上吉田のフィールドワークガイド

上吉田の事件当時の戸数は302戸、資料で確認できる参加者は265人である。「困民党トリオ」の高岸善吉、坂本宗作、ゲリラ隊を指揮した島崎嘉四郎、初期の段階からオルグとして活躍した柳原正雄などを輩出している。

■万年橋から大棚部へ

石間谷から万年橋にもどり、大棚部（おおたなぶ）に向かう。**高岸善吉の家と墓、坂本宗作屋敷跡と墓**は、この耕地にある。「紺屋の善吉」「鍛冶屋の宗作」と呼ばれていたように、農業の傍ら「紺屋」「鍛冶屋」を副業としていた。

この2人と落合寅市が、1883（明治16）年12月、秩父郡役所に高利貸説諭の請願を行ったのが、そもそもの始まりだった。翌年3月、そろって自由党に加入。同年8月から負債農民を困民党に結集させた発起人である。

■千鹿谷と明ケ平

中島耕地から左奥へ入ると千鹿谷（ちがや）に通ずる。ここに「**千鹿谷の大将**」、**島崎の生家**がある。嘉四郎は、皆野本陣解体後、椋神社にもどり信州行きを決意し、15、6名と捕虜の前川巡査を連れて、神ヶ原村に宿営した菊池貫平隊に合流した。山中谷から信州へと幹部として活躍するが、9日午後、信州野辺山高原を最後に消息を断った。それから99年後、甲府で亡くなっていることがわかった。

塚越から土坂峠に向かって進めば、明ケ平（みょうがだいら）に着く。ここに**小森茂作の家と墓**がある。茂作は当時33歳で農業とともに大工をしていた。大田村の高利貸の冨田広吉宅への放火の疑いで有期徒刑12年の判決で、北海道の釧路集治監に送られた。ここには同じ有期徒刑12年の下吉田村の高野作太郎も入監。作太郎は獄死。茂作も硫黄採掘作業に使役させられたが、1889（明治22）年の憲法発布の大赦で帰郷。妻とともに山小屋に隠居生活をしていたが妻の死後、1932年（昭和7）に山から下りて、この家で81歳の生涯を終えた。

▼交通案内

大棚部へは西武秩父駅より西武バス吉田元気村行き、石間戸下車。千鹿谷行へは同バスで万福寺下車徒歩。明ケ平へは同バスの終点より徒歩約30分。

乙副隊長
落合寅市
おちあいとらいち

「秩父国民党トリオ」のひとりで自由党員。

1851（嘉永3）年、秩父郡般若村（現小鹿野町大字般若）に生まれ、秩父郡下吉田村に婿入りした。「落合寅市経歴」によれば、「高利貸征伐を表面に運動をなして人気を取り多衆結合して」「専制政府転覆」を達しようと、困民党の組織づくりに奔走した。

武装蜂起では乙副大隊長に就任した。

4日、小川町・熊谷町から中山道へ進出しようとして粥新田峠を越え、5日の朝、憲兵・警官隊と銃撃戦を交えたが敗北。その後各地を転々とし四国に逃れた。一度は秩父に戻ったが、1885年には大井憲太郎らによる朝鮮「改革」の挙（大阪事件）に加わり、計画発覚により下関で逮捕された。身柄は大阪中ノ島監獄を経て浦和重罪裁判所へ送られ、ここで重懲役10年の判決を受けた。

1889（明治22）年2月、憲法発布による恩赦で出獄したのちは救世軍に加わるとともに、困民党の戦いが「秩父暴動」と称され、その真実が歪められていたなかで事件の顕彰運動を開始した。そのひとつが「加藤織平之墓」の建立であった。また、秩父事件記念碑建立を企てたが、1936（昭和11）年6月、神奈川県川崎市で死去した。戒名は廓翁寿栄信士。

寅市が念願した記念碑建立運動は、四男の落合九二緒に受け継がれて、1965（昭和40）年11月、羊山公園に「秩父事件追念碑」が建立された。

上吉田村小隊長
高岸善吉
たかぎしぜんきち

「秩父困民党トリオ」のひとりで自由党員。秩父事件当時35歳。

1877（明治10）年3月に長野県安曇郡松川村の奥原万年から山種を購入し、その飼育に挑戦する意欲的な農民であった。1884年3月、東京で開かれた自由党の春季大会に秩父から村上泰治らとともに出席した5

名のひとり。『寅市経歴』によれば、「高岸善吉東京自由党会議にて、大井憲太郎外有志自由党員地方団結して専制政府転覆運動約して帰国」したという。

蜂起に際しては上吉田村小隊長に就任。11月4日の皆野本陣解体後は川越から東京へと逃亡して神田で逮捕された。浦和重罪裁判所での一審、大審院での上告審で死刑判決がだされ、1885（明治18）年5月に処刑された。善吉は戒名がなく、墓は「高岸善吉之墓」となっている。事件から100年、ようやく戒名がついた。「誠岳善陽居士」。

高岸善吉の墓

伝令使

坂本宗作
（さかもとそうさく）

「秩父困民党トリオ」のひとりで自由党員。事件当時29歳。

上吉田村出身で下吉田村に寄留して鍛冶職を営んでいた。事件前年には児玉郡で開かれた繭の共進会で入賞する精農でもあった。武装蜂起にあたっては「悟山道宗信士」と戒名を記した鉢巻をつけて参加し、伝令使として各地で高利貸襲撃参加動員を指示した。

皆野本陣解体後、菊池貫平を総理にして、伊奈野文次郎・島崎嘉四郎らとともに群馬・長野への転戦を指導した。1884（明治17）年11月9日の東馬流での高崎鎮台兵との戦闘に敗れ、野辺山原で壊滅するまで戦った。1883年の郡役所への高利貸説諭の請願から困民党軍の戦いの最後まで参加し、これを見届けたのは宗作である。

12月6日、秩父郡日尾村（現小鹿野町日尾）の炭小屋に潜んでいたところを逮捕された。翌年5月、浦和重罪裁判所で死刑の判決が言い渡された。

坂本宗作の墓

進軍の道
⑥小鹿野・薄

フィールドワークガイド

　秩父困民党の幹部をおおぜい輩出した西秩父は、荒川の支流、赤平（あかびら）川に沿って、たくさんの集落を形成させている。

　現在の行政区域は、小鹿野町と秩父市だが、市町村合併前はその中で、もっとも広い盆地を持ち、政治・経済活動の中心ともなっているのが、小鹿野町である。

■西秩父の金融中心地・小鹿野

　1884（明治17）年11月1日の夜、二手に分かれて椋神社を出発した秩父困民党の部隊は、沿道の高利貸を襲撃しつつ、一隊は下小鹿野まわり、もう一隊は上吉田まわりで小鹿野町をめざした。

　小鹿野町は、西秩父の金融の中心でもあり、何軒かの金融業者・高利貸が営業していた。

　また、盆地の一角には、事件前に、水力による機械製糸を企てた製糸フロンティア、薄（すすき）製糸社も存在した。

　困民党軍は、巣掛峠下の腰ノ根集落の民家から炊き出しを受け、同所にある諏訪神社（現在は小鹿〈おしか〉神社）に宿営する一方、高利貸を襲撃し、一部を破壊・放火した。

　困民党の主力部隊は、翌2日午前中に大宮郷（秩父市街）に向けて出発し、静岡県浜松出身の宮川寅五郎が率いる一隊は、飯田村から薄（すすき）、小森、贄川（にえがわ）へと進撃した。

　困民党軍が去った小鹿野町は、11月5日、再び憲兵隊が制圧した。

　小鹿野市街地（現在の八坂神社となり）に存在した秩父警察署小鹿野分署では、秩父事件に参加した農民に対する、拷問を交えた取り調べが行われた。

　そのときの様子は、貴布祢（きふね）神社の神官だった田中千弥が書いた『秩父暴動雑録』に、「取り調べにあたる警官は、三尺ばかりの生木の棒を持ち、取り調べる前に、顔や頭を二三回殴ってから尋問する」、あるいは「極寒の気候に衣服を脱がせ、庭の木につるす」などと記されている。

■現存する史跡のかずかず

　史蹟としては、「**秩父困民党結集の森**」の看板の立つ**小鹿神社**（本殿は事件後の建築）、糸繭商・金融業者の**常盤屋**（**ときわや**）こと加藤恒吉（襲撃は受けたが、破壊を免れた）、同じく**柴崎佐平家土蔵**（襲撃を受けた）などが、現存している。

　なかでも、木造3階建ての常盤屋の偉容は、生糸生産を背景にした、

明治初年の西秩父の経済活動の活発さを物語って余りある。

また、当時小森村戸長役場であった、**小森の出浦正夫家**には、宮川寅五郎隊の襲撃を受けた時の様子を記した日記が残されている。

▼交通案内

小鹿野町へは西武鉄道西武秩父駅もしくは秩父鉄道秩父駅から西武バス。両神へは秩父鉄道三峰口駅から小鹿野町営バス。

小鹿野の歌舞伎

秩父地方で、農民歌舞伎が演じられるようになったのは、18世紀後半のことである。

江戸から明治初年にかけての秩父地方で、芝居・踊り・相撲・操り人形などの民衆芸能は、幕府や政府のたび重なる禁令とたたかいながら、磨きあげられてきた。

秩父の歌舞伎は、19世紀半ば以降明治の末に至るまでの時期に、最盛期を迎え、いくつかの興行座も存在した。

小鹿野を中心とする西秩父の役者たちは、秩父歌舞伎の歴史の中でも、草分け的役割を果たしてきた。すぐれた文化は、すぐれた受け手によって育つ。

西秩父の名優群像を育てたのは、秩父事件の体験者と同時代の農民たちだったのである。

県指定無形文化財の小鹿野の歌舞伎

映画文化の隆盛によって、昭和以降一時不振となったが、現在は埼玉県指定無形文化財となり、小鹿野歌舞伎保存会によって定期的に興行が行われ、秩父歌舞伎の伝統は受け継がれている。

常盤屋

　比較的落ち着いた風情の残る小鹿野市街地のなかでも、常盤屋の3階建ての邸宅は、秩父事件当時の姿を残すという意味だけでなく、明治初年の秩父地方の養蚕製糸業の隆盛を背景として建てられた、貴重な歴史的遺産である。

　これを建設した常盤屋こと加藤恒吉は、薄村出身。安政の開港以降、生糸買い集め商人として急成長したが、小前農民の憎悪をかって、1866（慶応2）年の武州一揆では、打ち毀しの憂き目にあった。

　その後も、養蚕糸を手がけつつ、小鹿野町有数の金融業者としても名を馳せた。

　1880（明治13）年には、犬木寿作・柴崎佐平らと製糸結社共精社を設立。佐平とともに、筆頭出資者となった。この豪邸は、その年の建築である。

　秩父事件当日（11月1日夜）には、襲撃を受けたが、なぜか恒吉は、他の高利貸と違って、被害届を出していない。

　昭和の初めに秩父事件のあとを訪れた堺利彦のルポ「秩父騒動」によれば、「加藤は平生余り苛酷でないので、僅かのコワサレで済み」とある。

事件当時の姿を残す常盤屋

飯田・三山小隊長
犬木寿作
いぬきじゅさく

　1851年飯田村に生まれる。1880年に共精社という製糸揚げ返し工場設立に際しては、糸繭商・高利貸の柴崎佐平・加藤恒吉等とともに出資者のひとりとなった。寿作自身も金貸しをしていた。

　ところが、1884年8月頃より高岸善吉らとともに困民党組織作りに奔走する。28ヵ村を代表して郡役所へ請願を行った4人のうちのひとりである。

　事件では飯田・三山（さんやま）村小隊長を務める。11月4日、田代栄助、井上伝蔵らとともに寺尾山中に入り、各所に潜伏した後、16日小鹿野警察分署に自首する。軽懲役7年6ヵ月。1889年2月12日、大赦で前橋監獄を出獄し、その後養蚕教師をするなど精農家として生涯を送った。1917年2月、落合寅市が訪ねてきたことが寿作の日記に記されている。1933年4月、83歳で大往生を遂げた。

自由党屯所
宮川寅五郎
みやがわとらごろう

　小鹿野町を占領した困民軍の乙隊の一部は、飯田村・薄村方面の参加者動員を担当した。

　三山村で高岸善吉が率いる一隊と分かれたもう一隊は、静岡県浜松出身の宮川寅五郎や飯田村の犬木寿作に率いられ、「乙」の旗を掲げて、11月2日この朝にかけて、薄・小森・贄川・白久・上田野などの村々を席巻した。

　彼らは、沿道の富家に軍用金拠出を強要し、戸長役場の貸借関係書類を破棄しつつ、参加者を募った。

　寅五郎は、集めた軍用金80円を、郡役所に入った田代栄助にただちに届けに行くなど、自分の任務を誠実に果たす男であった。

　2日午後からは、「自由党屯所宮川寅五郎」と書いた旗を立てて、再び上田野村方面の参加動員に奔走したが、3日の夕刻、上田野村の村役

寅五郎を捕えた鈴木安吉の碑

人らによって捕縛された。

浜松出生の宮川寅五郎が、どのような階層の出身で、当時なぜ秩父に居合わせたのかなどは、全くわかっていない。裁判では、蜂起前の資金強奪作戦の罪を加味され、有期徒刑15年の重刑を科され、北海道樺戸集治監に送られた。

上田野地区には、寅五郎を捕縛した戸長役場雇の鈴木安吉を称える大きな記念碑（戦前の建立）が建てられている。

宮下米三郎
みやしたよねさぶろう

　困民軍の来襲を受けた小鹿野町では、中心街からややはずれた位置にあった高利貸1軒が放火された。この際、類焼を防ぐために、困民軍幹部と交渉して「雲竜水」や「竜吐水」などの消防具を用意したのは、町の有力者のひとり、宮下米三郎だった。

　困民軍の主力や別働隊が大宮郷へ去った後、飯田村の近藤五平（金蔵とも呼ばれる）という男が、数人の仲間とともに、市街地で金を要求したり、地券証を奪って歩いていた。

　甲源一刀流の使い手であった宮下米三郎は、15、6人の壮士とともに彼らを追跡し、飯田村に近い新井耕地で、五平を斬り伏せた。

　町内では、いくつかの寺社で、当時の戸長田嶋唯一や宮下米三郎ら、困民党に対する自衛策に奔走した人々が寄進した石造物を見かける。

　事件に直接関係のない場所にも関係者の足跡は色濃く残っているのである。

無政の郷
⑦大宮郷

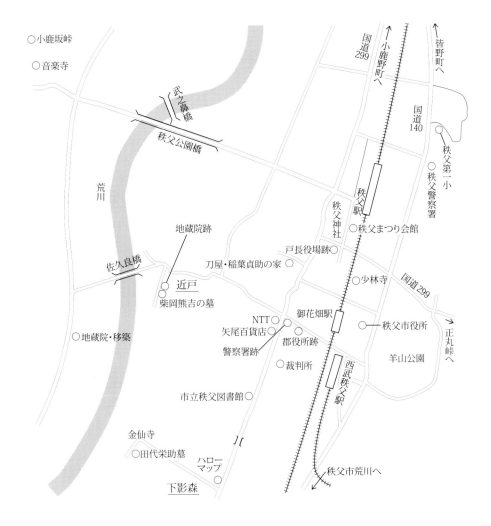

フィールドワークガイド

大宮郷は、江戸時代には忍（おし）藩秩父領を支配する拠点である陣屋が置かれた。秩父地方の政治的中心地である。

ここはまた、絹の大市をはじめとする秩父郡の経済活動の中心でも、また、妙見宮の大祭（現在の秩父夜祭り）が行われる秩父郡の精神的中心地でもあった。

1884（明治17）年11月2日の朝、小鹿野町を発した秩父困民党は、正午前に小鹿坂峠（おがさかとうげ）の下、郡都大宮郷を眼下に見下ろす秩父札所23番音楽寺に集結した。

彼らは、大宮郷から国家権力が逃亡し去ったことを確認すると、同寺の梵鐘を乱打し、それを合図に河岸段丘を駆け下り、武ノ鼻の渡し場付近の荒川を押し渡って、郷内に突入した。

困民党指導部は、近戸（ちかと）の地蔵院、秩父神社、ついで秩父郡役所に入り、ここを本陣とした。大宮郷でも、高利貸への襲撃は続き、とくに怨嗟の的となっていたり、軍用金の拠出を渋った14軒が破壊・放火された。

ここでは、軍用金を提供した人々に対し、「革命本部」名の領収証も発行された。

■市内の史蹟

秩父市内の秩父事件史蹟は数多い。

まずは、困民党軍集結の地である**音楽寺**。ここの**鐘**は当時のままだ。音楽寺からほど近い別所地区には、困民党指導部が休んだ**近戸地蔵院**が移築されている。建物はほぼ当時のままなので、困民党幹部たちがひと息入れた空気にふれることができる。

地蔵院がもとあった近戸地区には、大宮郷小隊長**柴岡熊吉の墓**がある。墓地が整理されたため、墓石の位置が以前とは異なるが、無名の自然石に熊吉が受けた無慈悲な拷問をしのびたい。

音楽寺の鐘

市内中心部の上町には、当時、**郡役所**（現在は埼玉県秩父地方庁舎）、**警察署**（地方庁舎の隣　現在NTT）、困民軍への炊き出しに応じた**升屋**（現在は矢尾百貨店）、**裁判所**（位置は現在と同じ）など、官公庁が建ち並んでいた。

現在は自動車の行き交う大通りだが、事件当日は、貸借関係の書類が官公署や質屋などから持ち出されては引き裂かれ、あたかも時ならぬ雪を降らせたようだったという。

矢尾百貨店には、事件当日の市内の様子や、柴岡熊吉ら困民軍幹部とのやりとりなど、興味深い事実を満載した「**秩父暴動事件概略**」という記録が残されている。

秩父神社は、当時より規模こそ小さくなったが、重厚な森に囲まれた、由緒ある神社である。観光面で著名な「秩父夜祭り」や「川瀬祭り」はこの神社の祭礼である。ここを訪ねたら、となりの「**秩父まつり会館**」を合わせて見学するとよい。

秩父鉄道の線路の向こうには、札所15番の**少林寺**がある。ここには、秩父事件で殉職した**警官2名（窪田鷹男・青木与市）の墓**がある。

西武秩父駅近くの**羊山**（ひつじやま）**公園**は、総理田代栄助宅（現存しない）の裏山にあたる。この一角には、困民党発起人のひとり、落合寅市の子息である落合九二緒（くにお）氏（故人）が1965（昭和40）年に建立した、**秩父事件追念碑**がある。

田代栄助の墓は、市内下影森地区の**金仙寺墓地**にある。

▼交通案内

西武鉄道西武秩父駅もしくは秩父鉄道秩父駅から徒歩。音楽寺へは西武秩父駅から循環バス。

窪田・青木両警官の墓（少林寺）

羊山公園内の追念碑

地蔵院今昔

　秩父困民軍は、11月2日の午後、札所23番から武ノ鼻を渡り、大宮郷に入った。

　本隊は、加藤織平に率いられて市街地に突入し、田代栄助は、井出為吉・小柏常次郎・井上伝蔵らと、同郷近戸町の地蔵院に入り、仮本陣とした。

　そのおり、大宮郷の高利貸井上四郎次が建物の中に隠れているのが発見された。

　四郎次は、生命と引き替えに、高利をもって貸しつけた証書類を差し出すことになった。

　栄助らは、同日夕方前には地蔵院を出て、秩父神社に向かった。

　その後、地蔵院は、地元の信仰の場として、また秩父事件を体験した歴史的建造物として近戸の地にあり続けたが、1982(昭和57)年、消防器具置き場建築に伴い、撤去されることになった。

　建物は、秩父市在住の中島弥助氏によって、近戸にほど近い別所地区に移築された。今となっては、秩父事件の歴史を語る貴重な建造物である。

移築前の地蔵院

稲葉貞助の大黒柱

　田代栄助の語るところによれば、大宮郷の高利貸・稲葉貞助はもともと貧民であったが、非道の高利をむさぼり、10年間で5万円の財産を築いて、大量の貧民を生じさせた。

　そこで栄助は、貸付金の半額を負債主に与えて、半額を年賦償却とし、軍用金1000円を拠出せよと申しつけた。

　貞助がこれに対し、わずか50円を差し出すと回答したので、栄助は貞助宅の破壊を命じた。貞助は、さらに450円を出したが、栄助は聞き入れず、貞助宅は、困民軍農民により一瞬にして破壊された。

　斧のあとの生々しい貞助宅の大黒柱から、高利に苦しむ農民の心情をくみとりたい。

秩父困民党
無名戦士の墓

　音楽寺境内にある「秩父困民党無名戦士の墓」は、秩父事件への広汎な関心の高まりのなかで、大衆的なカンパニアによって建てられた顕彰碑だと聞く。

　しかし音楽寺は、大宮郷への突入を前にした困民軍が集結した場所であり、ここでは戦闘は行われていないから、ここで亡くなった人もいない。したがって、その名に反してこの碑は、墓碑ではない。

　また、碑文には「われら秩父困民党　暴徒と呼ばれ　暴動と呼ばれることを拒否しない」とある。

　秩父事件参加者や遺族にとって、「暴徒」とは差別的呼称と受け止められてきた。復権のための運動は、「暴徒史観」とのたたかいであった。この碑にあるように、差別的呼称を肯定する見方は、適切でない。

　また、副碑の碑文は、秩父事件の政治的背景を全く説明していない。秩父事件がこれだけの規模と思想性を持ち得た本質にふれないままでは、秩父事件の意義は理解できないだろう。

　1978年という建立時の歴史的な制約があったとはいえ、この碑に、不正確な点が見られるのは、残念である。

大宮郷小隊長
柴岡熊吉
しばおかくまきち

　大宮郷近戸町出身で、秩父困民軍会計長兼大宮郷小隊長。事件当時46歳。

　1878（明治11）年に身代限り（破産）となり、その後、姉が借りていた田代栄助の実家田代源左衛門宅に同居していた。

　秩父市荒川上田野の千手観音堂の天井には、近戸川熊吉の名で奉納された相撲絵が掲げられている。口伝によると、熊吉は、草相撲の大関を張っていた。

　大宮郷占領後は、高利貸との折衝に当たったり、炊き出しを要請したり、治安の維持にあたるなど、八面六臂の活躍をした。

　矢尾百貨店に所蔵されている「秩父暴動事件概略」には、「このたび世直しをして政治を改革するために、このようにたくさんの人民を集めたわけなので、当店にて兵食の炊き出しをよろしく頼む。高利貸のように不正な行いをするものの家でなければ破壊や焼き討ちなど決してしないし、高利貸の家を焼くときも、隣家に対してはいささかも損害を与えないので、安心してほしい。かつ、不法を言ったり乱暴をするものがあれば成敗するので、役所に届け出てほしい。そういうわけなので、当店では安心して、平日のように店を張り、商業を十分にいたされたい」という、来店した熊吉の言葉が残されている。

　事件後は、高篠山から子の権現（ねのごんげん）、八王子、小田原、熱海と逃走を続けたが、12月4日横瀬村の親戚宅に戻ったところを逮捕された。

　熊吉尋問調書の行間からは、苛酷な拷問を交えての取り調べだったようすがうかがえる。口碑は、背中に鉛の煮え湯をかけられる拷問を受け、ひどい体になったと伝える。

　裁判では軽懲役8年の判決を受け、翌年10月に獄死。戒名は好道義忠居士。

熊吉が奉納した相撲絵（千手観音堂）

総理

田代栄助
たしろえいすけ

1834（天保5）年、大宮郷の名主の家に生まれる。

みずから「強きをくじき弱きを助けるのを好む」としており、困っている人を見れば附籍（自分の戸籍に入れること）させたり、仲裁したりしてきたため、地域の弱者の中に人望が厚かったらしい。

養蚕農民で、1884（明治17）年夏には、自宅裏の羊山で天蚕（山繭）の飼育も手がけていた。

また、同年1月か2月に、秩父の自由党組織の幹事格だった、下日野沢村の村上泰治を訪ね、自由党入党申込書に署名捺印して手渡したが、栄助を密偵と誤認した泰治の失礼な言動に怒り、党員としての活動はしなかったと述べている。

1884年8月下旬以来、井上善作や飯塚森蔵らから会台への参加要請があったが、天蚕飼育で忙しかったため、栄助が困民党に加わったのは9月初旬だった。

武装蜂起に際しては困民軍総理に

就任し、最高責任者として全軍の指揮を担当した。

11月4日、新井周三郎が重傷を負い、皆野の角屋本陣に運ばれてきたのち、「ああ残念」という言葉を残して井上伝蔵らと指導部を離脱。

その後、寺尾・芝原・武甲山・横瀬などの山中を転々とし、11月15日、黒谷村の知人宅で逮捕された。

裁判の結果死刑の判決を受け、1885（明治18）年5月に執行。

辞世は、「振り返り見れば昨日の影もなし 行く先暗し死出の山道」。

⑧皆野・三沢

政府の軍隊派遣

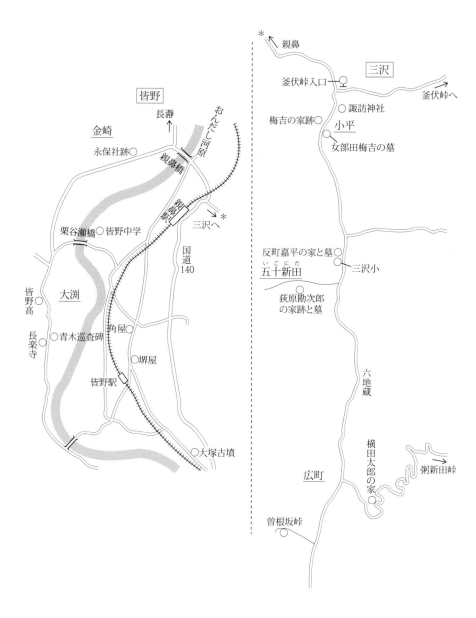

フィールドワークガイド

■角屋から大渕の長楽寺へ

　皆野町「**角屋（かどや）**」は事件当時旅館を営み、11月1日、現地警察本部が対策会議を開いたところであり、3日から4日午後まで困民党軍の本陣が置かれたところである。現在は旅館を営業していないが、「角屋」の標識がある。

　荒川を挟んだ対岸が大渕（おおふち）地区で、ここに**長楽寺（ちょうらくじ）**はある。4日、新井周三郎の率いる甲隊は長楽寺に駐屯していた。捕虜にしていた青木巡査が突然、背後から周三郎に切りつけ頭部などに重傷を負わせたが、青木は斬殺された。長楽寺の前の県道の傍らに**青木與市巡査の殉職之地の碑**がある。

■親鼻と「おんだし河原」

　荒川を挟んで皆野町親鼻（おやはな）と金崎（かなさき）を結ぶのが

長楽寺

青木巡査の殉職碑

親鼻橋である。事件当時は橋はなく、橋の少し上流に親鼻の渡しがあった。11月3日午後3時ごろ、寄居から偵察にやってきた憲兵と警官隊が金崎にさしかかったとき、親鼻を守備していた困民党軍の鉄砲隊が射撃をくわえた。憲兵は応戦したが、発火しない薬莢（やっきょう）があり、退却した。

　親鼻橋の手前を荒川に下りると、そこは現在「長瀞ライン下り」の出発地となっているが、右手の河原が「おんだし河原」である。椋神社での蜂起の前日、風布村と近村の農民たちが武装して金毘羅（琴平）神社に集結して行動を開始したが、風布の大野福次郎たちが先発隊としてここにやってきたときに警官隊に逮捕された。

■旧三沢村

　秩父事件当時の三沢村（みさわむら）は戸数289戸。三沢村では11月3日から5日の早朝まで困民党軍の人夫駆り出しや武器調達が続く。この村の事件参加者は29名とされているが、「二百有余人」という複数の供述があり、事実はまだ未解明である。

　4日昼ごろ大野原下小川橋を出発した落合寅市隊およそ100名は、曽根坂峠から三沢村に入って昼食をとり、粥新田峠（かゆにだとうげ）に向かった。三沢村の組織者は女部田（おなぶた）梅吉、反町嘉平、萩原勘次郎である。

　女部田梅吉の屋敷跡と墓は小平の諏訪神社の近くにある。屋敷跡は神社の道下で今は畑となっている。墓は少し先に行った道路の左上の墓地にある。「梅然瑞道信士　皎然婢阿信女」。夫婦の戒名が並んでいる。裏面に「女部田梅吉　昭和十一年三月十八日」「昭和三年九月三日　妻同マサ行年七十四才」「昭和四年九月建之」とあり、建立者7名の氏名も刻まれている。これは、梅吉の妻が亡くなって、翌年に建立されたもので、このとき梅吉は健在であった。それから7年後に85歳で亡くなった。

　三沢小学校の右隣に**反町嘉平の屋敷**がある。現当主は曾孫にあたる方で、子どもの頃、救世軍の落合寅市がよく訪ねてきたことを覚えているという。**墓地**は家のすぐ隣の山際にある。「嘉山平水居士」が嘉平の戒名である。これと並んで妻とりの「霜清妙光大姉」が刻まれている。妻とりは萩原勘次郎の姉であるから、嘉平と勘次郎は義兄弟である。裏面には「明治二十年八月廿日反町嘉平」とある。

　嘉平は女部田梅吉のすすめで事件に参加し、4日には落合寅市隊に属し、粥新田峠から坂本村へ進行途中、官軍の攻撃を受け敗走。熊谷警察署に自首するが、浦和重罪裁判所から重禁固5年を言い渡された。刑期半ばでの獄死である。享年32歳。

　五十新田（いごにた）に**萩原勘次郎の墓**がある。戒名は「勇芳義山信士」。裏面に「明治十九年二月五日萩原勘次郎」とある。軽懲役8年の刑を受け、浦和監獄に服役中のこの日、獄死したのである。享年25歳。墓のある場所と隣り合った、石垣を積んだ上につくられた農地が**勘次郎の屋敷跡**で、ここに妻と2人で住んでいたという。

▼交通案内

　秩父鉄道皆野駅下車、角屋～長楽寺～親鼻～おんだし河原は徒歩で回るのがいいが、長楽寺へはバスを使うこともできる。皆野町営バス立沢行き、国神郵便局または国神で下車。三沢へは皆野駅より西武バス西武秩父駅行き釜伏峠入口下車徒歩。問い合わせ先・西武観光バス秩父営業所（0494-22-1635）

秩父盆地を一望できる蓑山

蓑山（みのやま）は旧皆野村と旧三沢村をへだてる、標高587メートルの独立峰である。現在、山頂付近は公園化され、好展望がえられる。

西側に広がるのは、秩父・皆野・太田・吉田・小鹿野など、困民党の武装蜂起の舞台となった秩父盆地である。向かって右側、盆地の北を画しているのは、城峰山を主峰とする上武国境の稜線。尾根向こうは、上州日野谷や山中谷。

正面の鋸歯状の山は両神山。菊池貫平や井出為吉のふるさと北相木は、あのはるかかなただ。秩父から、信州の同志を呼びに行ったのは、萩原勘次郎。勘次郎が生まれ育ったのは、ここ蓑山の東側斜面。埼玉から長野は遠いという印象があるやもしれないが、ここ蓑山からは、目測可能な距離なのだ。

両神山の左奥には、奥秩父の高峰がそびえている。三宝山、甲武信岳、破不山、雁坂嶺。雁坂嶺手前の鞍部が、甲州と秩父を結ぶ雁坂峠。四国土佐山村から帰ってきた落合寅市が、あの峠を登りきってこちらを眺めたときには感無量だった、と書いている。

山頂の西端に立つと、眼下の旧三沢村、旧風布村がとても近い。このように蓑山は、秩父盆地とその周辺を見渡す、絶好の場所である。山中にはりめぐらされた山道は、皆野・三沢・黒谷（くろや）をはじめ、明治人たちが集合するのに好都合な立地にあった。

蓑山

甲大隊長
新井 周三郎
あらい しゅうざぶろう

　1862（文久2）年、男衾郡（おぶすまぐん）西ノ入村の豪農の家に生まれる。1881（明治14）年ごろ男衾郡鉢形学校の教員となり、1883（明治16）年には群馬県緑野郡鬼石学校に勤務した。周三郎は秩父郡石間村に教員の欠員があることを知り、1884（明治17）年9月、加藤織平を訪ねたのを契機に困民党運動に参画する。
「自分は元来借金はないけれども、村民の困窮を目のあたりにし、傍観するには忍びず」「教員の念を断ち、一に細民救助に尽力せんことを」決意したと、述べている。
　蜂起にさいしては大隊長となり甲隊の指揮をとった。11月4日、大渕村の長楽寺に駐屯していたところ、捕虜にしていた青木巡査に背後から切りつけられて重傷を負った。

新井家の墓（寄居町西ノ入）

　甲大隊長の後任に坂本宗作を推して指揮旗を渡し、周三郎は皆野本陣に運ばれた。その後、西ノ入村の明善寺（みょうぜんじ）に潜んでいたところ、9日に逮捕された。1885年2月、浦和重罪裁判所は死刑を宣告。4月、大審院は上告棄却、5月に死刑執行。行年22歳。

三沢村の組織者
女部田梅吉
おなぶた うめきち

　萩原勘次郎に自由党入党を勧めたのも、反町嘉平を蜂起に参加させたのも女部田梅吉である。梅吉は裁判で有期徒刑15年の刑罰を受けており、三沢村の最重要人物と思われるのだが、訊問調書も裁判言渡書もない。
　梅吉は10月14日の夜、横瀬村での資金強奪行動に参加している。この行動は12日の井上伝蔵宅での蜂起決定を受けて、その資金や武器を調達するために、田代たちが加藤織平宅で決めた。参加者は田代栄助、柴岡熊吉、坂本宗作、新井周三郎、

堀口幸助、新井勘作、柿崎義藤、宮川寅五郎、大野茂吉であるが、秩父困民党のそうそうたるメンバーである。

有期徒刑15年で北海道の集治監へ送られるが、樺戸なのか、釧路なのかわからない。明治22年の憲法発布の恩赦で、梅吉は出獄した。千葉県成田市の成田不動本堂への石段の右の石垣は、梅吉とその弟子たちが築いたといわれ、三沢にも彼らによって築かれた石垣が、今でも各所に残っているという。

三沢村小隊長
萩原勘次郎
（はぎわらかんじろう）

1884（明治17）年9月ごろ勘次郎他1名が剣道指南のために信州北相木村（きたあいきむら）に招待された。

その時、すでに勘次郎は秩父郡で困民団結の様子を話している。さらに10月20日に勘次郎が再び北相木を訪れて、「困民党を結び債主に対して年賦据置の談判をなし、その急を救わんと計画中であり、当地方でも其党を結び互いに連絡をして債主に談判すれば、困民のためになる」と提案した。菊池恒之助はそれに同意し、菊池貫平、井出為吉たちも賛成した。

そこで状況視察のために井出代吉が勘次郎とともに、秩父郡へ向かうことになった。勘次郎の信州派遣は、信州北相木自由党に困民党結成を促し、秩父との同時蜂起の工作であったと推察される。

勘次郎は10月に女部田梅吉から誘いを受けて自由党に加入。武装蜂起にさいしては三沢村小隊長に就任している。3日、角屋において栄助より望遠鏡を受け取り、蓑山（みのやま）に登って敵味方の動静をつかみ、その様子を本部に報告する任務についた。4日の本部解体後は加藤織平・高岸善吉・井出為吉らと東京へ向かった。

五十新田にある勘次郎の墓

皆野本陣の解体

　11月3日朝、3隊に分けて大宮郷を守備する態勢に入る。

　織平・周三郎が率いる甲隊は武の鼻の渡し、貫平・森蔵の率いる乙隊は大野原村、栄助・寅市などが指揮する丙隊は大宮郷という配置であった。「憲兵隊と警官が吉田村へくりこんだ」という情報がもたらされ、甲隊は9時ごろ吉田に向かった。

　一方、乙隊へは「熊谷で一揆が起こり警察署を破壊し、寄居警察署および本野上分署を破壊したので熊谷駅の通路安全」という情報が入り、皆野へ進軍する。しかし、いずれも虚報であった。

　丙隊も午前10時ごろ皆野の角屋に到着した。だが、栄助は胸痛のために午後3時ごろ10名ばかりに付き添われて大野原村の民家で一夜を明かす。

　ほぼ同時刻ころ、荒川を挟んでの憲兵困民党軍の銃撃戦である。憲兵・警官は寄居へ引き上げるが、秩父からの出口は寄居をはじめ小川、飯能へも憲兵・警官隊が配備され、4日には児玉の金屋に東京鎮台兵が派遣される。

　4日午前10時ごろ、栄助は皆野本陣に迎えられて、昨日からの敵味方の状況報告を聞いた。栄助に言わせれば「軍中大いに勇気砕け」るものであった。「かく八方敵を受けたる上は打ち死するのほかなし。しかし一時、寺尾山（てらおやま）へ引き上げて山中に潜み、運命をまたん」と栄助は柴岡熊吉、井上善作に万事を託した。

　熊吉によれば、負傷した新井周三郎が戸板にのせられて皆野本陣に運ばれてきたとき、これを見た栄助は「ああ残念」という言葉を発して、本部から駆け出したという。行動をともにしたのは、伝蔵ら7人であった。

　甲大隊長の周三郎の負傷、総理栄助たちの本部離脱は、その他の幹部にも動揺をあたえて、皆野本陣は解体、だが、粥新田峠で、児玉の金屋で、そして信州まで困民党軍の戦いは続く。

軍隊との激突
⑨野上・金屋

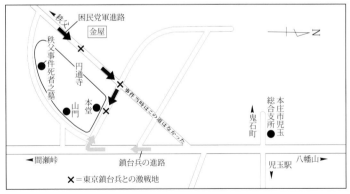

フィールドワークガイド

総持寺

■総持寺

　本野上村（ほんのがみむら）の中心的な人物である坂上健作、島田清三郎、島田幸右衛門の墓が総持寺（そうじじ）にある。健作は信州東馬流（ひがしまながし）の戦いまで参加して罰金10円の刑を受けた。清三郎は健作の勧誘により困民党活動に加わり、蜂起に際しては伝令使となった。幸右衛門もまた健作の誘いで参加し、野上組の旗を立てて小鹿野、大宮郷、皆野村に進軍した。清三郎、幸右衛門とも重禁固3ヵ月の刑を受け、獄死している。

■出牛峠から秩父新道へ

　皆野本陣解体後の11月4日午後4時ごろ、大野苗吉が率いたと思われる約300名が本野上にあらわれ、さらに5時ごろに500名ほどが入りこみ、戸長役場や警察分署、民家を襲った。夕刻、寄居口より憲兵隊がくり込むとの本野上から出牛峠（じゅうしとうげ）情報があり、困民党軍は午後6時ころを越え秩父新道へ出た。

　秩父新道は、高崎線敷設の時期に開削工事がはじめられ、1886（明治19）年4月に開通式が行われた。1883（明治16）年5月、吉田清

現在の秩父新道

英埼玉県令は山田内務卿への「秩父新道開削の義上申」に、本庄～八幡山町～児玉町～金沢村～大淵村～下吉田村～小鹿野町へ、もう一つは大淵村～大宮郷への「馬車道を開かん」と述べている。

総工費およそ6万円が見込まれた。開削工事の人夫は地元の寄付で行われ、人夫に出ない場合は1日50銭を負担させた。児玉郡の1戸当たりの人夫は7人、秩父郡では12人。これも不況下の農民たちに重くのしかかった。

事件後、吉田県令は国庫金補助要請の文書に「右新道の開削はただに交通を便にし物産輸出を利するものに無之、地方警察上最も必要と被相考候……該新道はすこぶる必要にして片時も猶予するべからざる義と存候」と説いている。

出牛峠を越えた困民党軍は工事中の秩父新道を児玉に向かう。まず大駄村（おおだむら）で刀剣を何本か徴発し、河内村では高利貸2軒を焼き打ちにし、2軒の農家が類焼、馬1頭が焼け死んだ。そして金屋村へ進軍する。

■円通寺

埼玉県笹田黙介書記官の「東京鎮台至急深谷へ向け派遣ありたし」の電報を山県有朋内務卿が受け取ったのは11月4日午前3時。山県は参謀本部長を兼務しており、天皇の裁可を受けて西郷従道陸軍卿に伝えた。東京鎮台司令官は、「本日午前10時30分出発」と山県参謀本部長に報告している。

東京鎮台第三連隊第三大隊は、11月4日午前11時30分ごろの列車で上野駅を発った。そのうちの二中隊は深谷で下りて寄居に向かう。平田大尉の率いる一中隊70余名は、本庄駅まで乗車して到着したのが午後4時。そして児玉に着いたのは午後5時40分であった。困民党軍が接近するという報告を受けた鎮台兵は、警官10数名を案内役にして金屋村に向かい、ここで戦闘隊形を

秩父事件死者之墓（円通寺）

とった。

　午後11時30分、銃撃戦が展開され約30分ほど続いた。戦闘報告を受けた吉田県令は寄居から「昨夜十一時三十分児玉郡金屋村ニ於テ開戦、我兵大勝利、賊ノ死傷数十人、兵士三人巡査一人軽キ負傷アリ、尚捕虜十一人アリタル旨同地出張ノ者ヨリ通知アリ」と笹田書記官に打電した。

　円通寺（えんつうじ）の墓地には、1981（昭和56）年秋彼岸に円通寺によって建立された「**秩父事件死者之墓**」がある。墓の側面に刻まれている文言のなかにある「**高崎鎮台**」は、東京鎮台の誤りである。

■競進社

　競進社（きょうしんしゃ）**模範蚕室**は八高線児玉駅近くにあり、4つの高窓をもつ立派な建物である。蚕室の前の案内板には、「養蚕技術の改良に一生を捧げた木村九蔵が、明治二十七年に競進社伝習所内に建てたもので、本県に数少ない産業建造物の遺構」とある。埼玉県指定有形文化財。

　九蔵は1872（明治5）年、温暖飼育法を考案。5年後には競進社の前身にあたる養蚕改良競進組を結成した。困民党トリオのひとり坂本宗作が、1883（明治16）年に繭の共進会で入賞したのは、この競進組が主催したもの。

▼交通案内

　秩父鉄道野上駅下車、総持寺へは徒歩。出牛峠の旧道は途中荒れているところもある。皆野町金沢には総持寺から徒歩約1時間30分。競進社と金屋の円通寺へは八高線児玉駅下車徒歩。

金屋戦争

　金屋の戦いのありさまを石間村の高岸駅蔵は訊問調書にこう述べている。
「金屋村に至ると人家の竹藪より兵隊に発砲され……味方の隊長分抜刀隊は進め進めと下知したれども、砲撃烈しく、味方が一発打つうちには、敵の弾丸は二十発も飛び来るにつき進みかねていると、敵の弾丸、先に進め進めと指揮したる隊長分に当り、たちまち人家の戸の傍に斃れたるを見受けたる」

　駅蔵が言うように困民党軍の火縄銃と鎮台兵の村田銃の差は歴然であった。「進め進めと指揮したる隊長分」は大野苗吉だといわれる。が、苗吉は山中谷（さんちゅうやつ）に、さらに信州に越えたという証言もある。

　金屋の戦闘で困民党軍は6名が即死、円通寺の仮病院収容後死亡したもの6名であった。後者のなかに金尾村の新井助三郎がいた。彼は手当てに当たった開業医の中神貞作に対して、「たとひ死すとも其の術を受けず」と手術を拒否し、自ら喉

を突き刺して命を絶った。彼の姿勢がうかがえる。

　ところで、困民党軍はなぜ児玉に向かったのか。ひとつは、本野上から寄居を通り熊谷に出ようとしたが、寄居にはすでに憲兵隊・鎮台兵が構えており、そのため児玉を経由して本庄・熊谷から浦和県庁、そして東京をめざそうとしたと考えられる。

　もうひとつは、岩鼻火薬製造所及び監獄を襲撃しようとしたと思われる。

中林家に残る弾丸跡（金屋）

　官側も困民党軍の岩鼻進行の情報を得てこれに対応していた。金屋の戦いに参加した小泉信太郎は、回顧談で岩鼻進撃を述べている。

温暖飼育法を考案した
木村九蔵（きむらくぞう）

　1845（弘化2）年10月、上野国緑野郡高山村（現藤岡市大字高山）の高山寅蔵、同さよの5番目の子として生まれた。幼名は巳之助。1864（元治1）年、兄の養子先である武蔵国児玉郡新宿村（現神川町）の木村弥次衛門の次女と結婚。1867（慶応3）年、同族木村勝五郎の後継者となり、木村九蔵と改めた。

　1872（明治5）年、温暖飼育法を発表。これは、火力を用いて飼育を早くし、日数を短縮して、蚕病を防止する飼育法である。さらに蚕種改良にも努め、1879（明治12）年に「白玉新撰」種を生み出した。これは全国にも広まり、特に埼玉県における蚕種の産額の半数以上を占めた。

　1884（明治17）年11月には規模を拡大して競進社と改称した。1889（明治22）年にはパリ万国博覧会へ日本使節としておもむき、フランス・イタリアの産業界を視察して帰国後、蚕種保護の啓蒙に努めた。

　1891（明治24）年に本庄町（現本庄市）にわが国初の蚕種貯蔵庫を設立した。1898（明治31）年、54歳で亡くなった。

　なお、木村九蔵の生家では、九蔵の実兄高山長五郎が1870（明治3）年に養蚕改良を目的とする高山組を組織し、1884（明治17）年には養蚕改良高山社と改称して、養蚕清温育法を普及した。この社員には秩父事件につながる人々がいる。

競進社模範蚕室

⑩矢久峠・山中谷
新たな出発となった

フィールドワークガイド

塚越の河原で新たに陣容を整えた菊池貫平率いる百数十名の1隊は、11月5日昼過ぎ矢久峠（やきゅうとうげ 屋久峠とも表記される）から山中谷に下る。群馬県南西端に位置するこの地域は、古くから山中谷（さんちゅうやつ）と呼ばれ、山と峠に囲まれた地域である。現在は他の地域から隔絶し、群馬県でも代表的な過疎地となっているが、当時は秩父と信州と上州をむすぶ地理的に重要な地域でもあった。偵察隊を青梨村に先行させた後、本隊は下小越（しもおごえ）から魚尾（よのお）へと下った。現在の神流町である。

■ 菊池貫平隊が宿営した神ケ原村

山中谷に入った困民党軍は神ケ原村（かがはらむら・現神流町）に至り、**諏訪神社、神平尾（かみひらお）学校**などに分宿する。当時連合戸長を務めた**黒沢円造の広大な屋敷跡**の一角に神平尾学校跡がある。戸長役場はこの円造の屋敷に置かれていた。この近くの**三国屋旅館**はこの時用掛を務めていた松岡寛伍の家で、当時の建物が今も使われている。戸長の黒沢円造はこの時不在で、村の実務はこの松岡寛伍が取り仕切っていた。

ところで、「神ヶ原村においては

新田騒擾の舞台となった菅原神社

五日夜暴徒の泊する所となったが、神ヶ原・平原(へばら)・尾附(おづく)三ヶ村とも別段防禦に尽力した様子を聞かず」という郡長の報告が示すように、この村は、積極的に貫平隊に協力した節が見られ、事件後、松岡寛伍をはじめ村の重立が厳しい取り調べを受けている。

神流川沿いに少し下った所に**へいとう(平等もしくは陪堂)岩**がある。11月6日朝、駆り出しに向かった困民党軍の一隊と、魚尾村、相原村などの防衛隊がこの付近で遭遇し、撃ち合いとなった。

現在は川のすぐ脇を国道が走っているが、当時は、その少し上にも道が通っており、その段丘上が主戦場になった。農民同士、互いに顔見知りも多く、双方とも火縄銃を空に向けて打ったと伝えられている。信州をめざす困民党軍は、まもなく引き上げ、10時過ぎには戦いは終わった。

■神流川に沿って白井宿、十石峠へ

八倉(ようくら)には、乙大隊長飯塚森蔵が教員として勤務していた分教場がある。**今井家旅館**は秩父自由党第一号の中庭蘭渓の娘すみが嫁いできた家で、その近くには乙母村(おとももら・現上野村)**連合戸長役場**があった。

乙父村(おっちむら・現上野村)は新田騒擾事件に幹部としてかかわった中沢鶴吉のいた村である。困民党軍が勢力を拡大して白井宿(しろいじゅく・現上野村)に到着したのは6日夕刻である。ここを過ぎ峠を越えれば信州である。楢原村(ならはらむら・現上野村)の**黒沢嘉三郎宅**は7日夜明け前、伊奈野文次郎、島崎嘉四郎らと村民によって焼き討ちされた。

7日朝、白井宿から十石峠を目指した人々は二百数十名とも、400名余りであったともいう。水の戸の浅次郎茶屋で食事を取った後、峠を少し下ったところで、捕虜の巡査殺害事件が起こる。実行したのは、小林酉蔵と新井貞吉であった。

■神流川を下る、小平から法久へ

同じ日の早朝、神流川をはるかに下った、柏木村(現神流町)で惨劇が起こった。困民軍を追撃してきた憲兵隊・警察部隊と防衛隊の村民が衝突したのである。村民1名が戦死し、1名が重傷を負った。役場の報告では互いに相手を"暴徒"と誤認しての悲劇ということになっている。しかし、ある巡査は、暴徒は自分たちが警察であることを確認した上で、切り掛かってきたと報告している。今後、調査を要する事件である。

神流町小平の光明寺にある**茂木家墓地**には中庭蘭渓の碑文がある。万延元年、友人の死を悼んで刻んだものである。碑文の刻まれた墓石のとなりには、謎の電報事件(コラム参照)にかかわった、**茂木賀内の墓石**もある。

神流川をさらに下った所に坂原村法久（ほっく・現藤岡市法久）がある。ここは秩父自由党に大きな影響を与え上毛自由党の幹部、新井愧三郎の居た村である。

▼交通案内
JR 高崎線新町駅あるいは JR 八高線群馬藤岡駅より日本中央バス（0274 – 20 – 1811）で上野村行。

新井愧三郎と照山峻三（右）

秩父・群馬・長野の自由党の接点となった山中谷

　幾重にも連なる山地によって平野部と遠く隔絶した感のあるこの地方は、現在群馬県でも代表的な過疎地となっている。しかし、いくつもの峠によって山越えの道が開かれていた当時、この地方は秩父や信州との物資や人々の交流も盛んに行われ、いわば上州と秩父、上州と信州をむすぶ地域であった。明治 16 年から 17 年にかけ、上毛自由党は群馬県南西部に重点をおき活発に組織を拡大する。その結果、山中谷の南甘楽郡は県内で最も多くの党員を擁する地域となった。秩父自由党の組織も、ここからもたらされるのである。したがって、ここは信州、上州、秩父の自由党の接点となったところとも言える。秩父と同じくこの地域が動いた様子は「借金のある者は野栗峠へ十一月一日出づべし、さなくば焼払…」という火札（ひのふだ）山中谷の村々に多数張り出されていた、という報告に見ることができる。

　11 月 4 日には信州北相木の自由党員、高見沢薫らが神ヶ原村を訪れており、群馬の自由党や秩父の困民軍と何らかの連絡を取ったものと考えられる。高見沢薫は福島事件に参加した上毛自由党の山口重侒や群馬事件に関係した清水永三郎らと交流のあった人物である。神ヶ原村連合戸長の黒沢円造と自由党員の茂木賀内の 2 人にあてて、謎の電報が打たれたことは、この地の自由党の活動と何らかの関係があるものと思われる。

黒沢円造、茂木賀内と謎の電報

11月3日、新町駅（現高崎市新町）の自由党員、三俣愛策から東京浅草新福島町の黒沢円造と茂木賀内にあて電報が打たれた。電文は次の通りである。「チチブヨリワルモノニセンヨキタリマンバノコラズヤイタタイヘンスグカイレサタキタ」（秩父より悪者二千余来り万場残らず焼いた、大変すぐ帰れ、沙汰来た）

事件に際し、万場の町並みがすっかり焼かれたという事実はなく、日付から考えて、菊池貫平率いる信州進撃隊の動きを見誤ったものでもない。黒沢円造は困民軍の宿営地となった神ヶ原村連合の戸長、茂木賀内は小平村（現万場町）の医師であり小学校長を務める自由党員である。また、先代の賀内は中庭蘭渓と親交のあった人物である。新福島町は当時自由党の有一館が一時移転していたところという。

茂木賀内は8日、陸軍火薬製造

茂木家墓石に残る蘭渓碑文（光明寺内）

所のあった岩鼻（現高崎市）で逮捕され、その様子はつぎのように報告された。「右の者は本月八日岩鼻宿を通行の際、高崎分営の兵不審に認め取り調べ候ところ、懐中に仕込杖を携帯するのみならず、申し立ても前後齟齬（そご）し、すこぶる怪しむべきものと認め、同隊士官より倉賀野巡査派出所に引き渡し候」

この火薬製造所については、つぎのような報告があり、金屋隊が目指したところともいわれている。「秩父郡人民は今回銃器弾薬、刀や鉛を集め裁判所郡役所警察署戸長役場を打毀しそれより県庁を襲う形勢が見られる。…群馬県南甘楽郡人民とも密かに連絡を取り合い、群馬にも軍を進める模様である。中仙道へ押出し、岩鼻監獄署を襲い懲役囚を出し、

黒沢円造の屋敷跡

それより各所の役場などを打ち壊すとの計画であるとの情報を得た…」

2人の自由党員が関わっていた点、そのうちのひとりが、困民軍の攻撃目標の一つと与えられる岩鼻で捕らえられたこと、自由党の本部とも言えるところに電報が打たれている点など、この電報は非常に重要な意味を持つと思われるが、具体的に何を意図して打たれたのかは明らかになっていない。

中沢鶴吉と新田騒擾事件
なかざわつるきち

中沢鶴吉は南甘楽郡乙父村（現上野村）の自由党員。

明治17年10月、数名の同志とともに新田郡に向かう。現地の自由党員と合流し、この地域での蜂起を指揮する。11月1日新田郡西長岡村に蜂起した勢力は周辺諸村の人々を加え、一時300名ほどの勢力となったが、紛れ込んでいた警官隊に指導者が逮捕され壊滅した。

この事件を調べた巡査は、「自由党総理板垣退助の命令により全国各地の自由党員十万人が十一月一日より三日の間に一斉に蜂起し、各県庁警察署監獄署などを打毀し自由政治を実現し、租税も百分の一にする計画である」との内容を参加者の言葉として報告している。

鶴吉は秩父の自由党員、新井繁太郎らと接触した後に新田郡におもむいており、これは、当時自由党一斉蜂起派が計画していたといわれる同時蜂起計画の存在をうかがわせるものである。また、困民軍の参謀長であった菊池貫平は「この蜂起は今日を期して全国ことごとく蜂起し、現在の政府を転覆してただちに国会を開く革命の乱である」と述べたと伝えられ、これは中沢鶴吉らの計画と内容的にほぼ合致する。

もう一つはっきりしない秩父困民党指導部の目標も、この新田騒擾事件をあわせて考えることによって、より鮮明に見えてくるのである。

⑪大日向・東馬流
最後の戦い

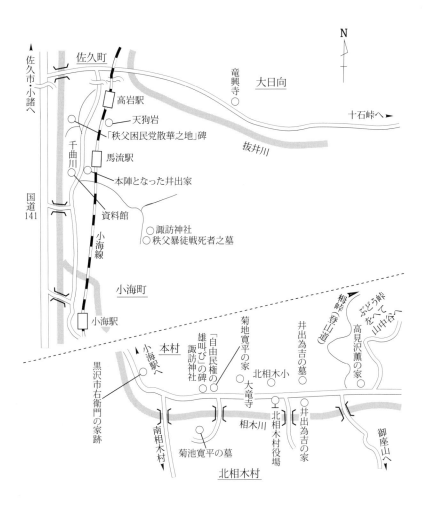

フィールドワークガイド

秩父困民軍は、11月7日朝には白井宿を出発し、十石峠を越えて夕刻、大日向村（おおひなたむら・現佐久穂町）に入った。

同夜を同村龍興寺で過ごした彼らは、翌朝には、矢沢の浅川3家をおそったのち、参加者募集と高利貸襲撃を繰り返しつつ、海瀬村の龍福寺へ進んだ。

ここで、菊池貫平と思われる幹部の演説が、『朝野新聞』に報道されている。

「天がこの人民を生みだすにあたって、あちらに厚く、こちらに薄いというような道理はない。ところが、あの富裕な輩は、飽食・暖衣・逸楽をこととし、貧民の困窮を省みず、ますます暴富をきわめている。よって、拙者らは、富者から奪って貧者に施し、天下の貧富を平均させようと思うのだ。」

このことばには、天賦人権論と世均し思想とが、みごとに融合している。

困民軍は、8日夜には、穂積村（ほづみむら・現佐久穂町）、東馬流（ひがしまながし・小海町）の井出家を本営として、周囲に宿営した。

一方、長野県から来援を求められた東京鎮台高崎分営からの軍隊も、8日深夜、同所の近くに到着し、翌朝、両軍の間で銃撃戦が行われ、秩父困民軍の敗北に終わった。

困民軍の一部はさらに南下し、海ノ口村で昼食をとった後、なお追撃を受け野辺山原で壊滅した。

井出家の本陣跡

史跡としては、旧大日向村の**龍興寺**がある。

東馬流の古戦場近くには、「**秩父困民党散華之地**」の碑と**菊池貫平・井出為吉像、井出家本陣**、および「**秩父暴戦死者之墓**」とJR東日本労組が建立した「**秩父事件百十周年顕彰碑**」などがある。

このうち、「秩父暴徒戦死者之墓」は、銃撃戦で犠牲になり、引き取り手さえなかった遺骸を葬った場所に建てられたものである。

事件50周年を期して、菊池貫平の子孫が建立したものだが、もっとも早い時期の秩父事件顕彰碑の意味

秩父暴徒戦死者之墓

を持っている。

北相木村には、**貫平・為吉の家**と**墓**が現存している。

また、同村の村民が集結した**諏訪神社**には、秩父事件百年を記念して建てられた「**自由民権の雄叫び**」と題された記念碑がある。

▼ 交通案内

大日向へはJR小海線羽黒下駅から佐久穂町営バス。東馬流へは小海線馬流駅より徒歩。 北相木へは小海線小海駅から北相木村営バス。

龍興寺

大日向村開拓団

　秩父事件は、政府が進めようとする「上からの近代化」に対し、農山村で暮らす民衆が「下からの近代化」を対置しようとしたという側面を持つ。

　秩父事件前には、多様な産物を有し、近隣地域との自立的な経済圏を形成していた埼玉・群馬・長野の山村は、明治時代後半以降、養蚕と製炭に全面的に依存する、かたよった経済構造を余儀なくされた。

　昭和恐慌期に、これら山村では、松方デフレの時以上に壊滅的な打撃を受けた。

　大日向村（おおひなたむら）ではこの時期、村財政が破産状態となり、村長以下役場職員全員が辞職するという事態となった。これを満州移民によって解決しようとしたのが、村長浅川武（秩父事件で打ちこわしに遭った豪農の子孫）らだった。

　大日向村開拓団は、日本の分村移民第１号だったが、秩父の中川村開拓団も、あとに続いた。

　敗戦後、いずれの開拓団も、筆舌に尽くしがたい、過酷な運命をたどった。これこそ、「上からの近代化」の行き着くところを示す、象徴的なできことであろう。

伊奈野文次郎
（いなのぶんじろう）

　1855（安政2）年12月28日、福島県南会津郡古町村生まれ。事件前は児玉郡大駄（おおだ）村の中里半次郎という人物の鑑札を譲り受けて、人力車夫を営んでいた。

　1884（明治17）年10月には、本人行方不明のまま、福島県若松支庁から拐帯の罪で重禁固２年、罰金４円の判決を受けている。

　どういういきさつで、大駄村に住みついたかは不明。

　また、秩父事件への参加の動機や経緯も不明で、訊問調書では、11月３日に困民党に加わるつもりで寄留先を出て、菊池貫平に加入を申し込んだと述べた。

　主に兵粮運搬の指揮を担当したが、信州への転戦過程で急速に頭角を現し、参加者からは「会津の先生」と呼ばれて、貫平・島崎嘉四郎に次ぐ「三番目の大将」であったと自認している。信州では、海ノ口まで困民軍と行動を共にした。

　事件後、有期刑15年の刑を受けて北海道樺戸（かばと）集治監に送られた。1910（明治43）年１月10日、栃木県宇都宮市で没。

早川権弥
はやかわごんや

　佐久自由民権運動の草分けであり、のちに県会議員として廃娼運動でも活躍した前山村（現在は佐久市）の自由党員早川権弥は、東馬流の戦いの直後、現場を訪れ、13人の農民兵士の屍を前にして、激しく涙したという。

　彼は、その日の日記に「彼らは今、暴徒・賊徒と呼ばれているが、昨日までは3000万同胞だったのだ」と、参加者への同情を綴り、「政府なるものは、人民をこんにちのような惨状に沈淪させるのがつとめか、それとも人民を自由の楽境に進めるのがつとめか、深く考えたい」としたためた。

　北相木村以外の佐久地方の民権派に対し、武装蜂起に向けた働きかけがどの程度なされていたかは、まだ十分明らかになっていない。

参謀長
菊池貫平
きくちかんぺい

　1847（弘化4）年1月7日、長野県南佐久郡豊里村生まれ、同郡北相木村に婿に入った。村内屈指の養蚕家であり、代言人でもあった。

　三沢村の萩原勘次郎から「国会開設期限短縮の請願をするので来てほしい」との依頼を受け、1884年10月27日、井出為吉と秩父に向かった。

　蜂起に際しては自ら参謀長に就任し、「軍律五ヶ条」を起草。11月1日に捕虜となった県土木課雇千葉正規が「この蜂起は今日を期して全国ことごとく蜂起し、現在の政府を転覆してただちに国会を開く革命の乱である」と述べた彼の言葉を証言している。

　4日に本陣が解体したあとは困民軍総理となり、坂本宗作らとともに佐久への転戦を指導した。

　事件後欠席裁判で死刑判決を受けたが行方を絶ち、1886（明治19）年に甲府で逮捕された。憲法発布恩赦により死刑を免れたが、無期懲役となり、北海道十勝の監獄に送られ、1905（明治38）出獄して郷里へ帰った。1914（大正3）年没。

軍用金集め方
井出為吉

1859（安政6）年9月29日生まれ。北相木村きっての豪農で、1879年には村会議員、1883年から84年にかけて村の戸長・学務委員を務めた。

佐久地方では、学校教員や民権運動家による青年たちの学習サークルが各地に作られたが、為吉も自宅近くの大竜寺を会場に、学習会・討論会を組織した。

『フランス法律書』『仏国革命史』など膨大な蔵書があり、為吉ら北相木の自由党員らの学習活動の一端がうかがわれる。

貫平とともに秩父困民党に参加し、軍用金集方に就任して豪商などから強借した金についての「革命本部」名の領収証を残した。事件後軽懲役8年の判決を受けたが、憲法発布の恩赦で出獄、その後は郷里の小学校教員や群馬県各地で役場吏員

を務めた。

群馬県に出た頃からは「治雄」と改名した。1905（明治38）年没。

「自由民権の雄叫び」碑（北相木村）

秩父事件100年を記念して建立されたもの。
裏面には参加者の氏名が刻まれている。

全国各地に見られる困民党員の足跡

⑫再起をめざして

　秩父事件は、1884（明治17）年11月9日の八ヶ岳山麓において、その組織的戦いは終わる。

　明治政府は、取り調べが進むうちに、困民党が甲隊・乙隊などの軍隊組織や総理などの困民党組織を持つことに驚かされた。また、事前に放った密偵によっても蜂起の時を知り得なかった彼らの組織力にも驚かされた。

　事件発生を聞いた官憲は、早速、周辺町村は勿論、八王子近辺にも「軍隊経験者でこの事件に参加したものがいないか」との通達を出して、波及情況調査を行っている。「鎮圧に功労」があったものには大々的に表彰が行われた。また、秩父の農民だけではなく、群馬・長野の他、東京・神奈川・千葉・栃木・山梨・新潟・富山・石川・三重出身などの多方面からの事件参加者がいたことに政府は不安を覚えた。

　「革命本部」の領収書も、政府にとっては反政府運動の高まりを懸念させる材料であった。

　飯田事件の被告たちが裁判の過程で、加波山（かばさん）事件とともに、秩父の動きに刺激されていたことを陳述しているが、加波山事件と同じように爆裂弾を持っていたことも、政府にとっては懸念の材料であったであろう。裁判は異例の速さで進められた。

　事件後の弾圧は激しく、たとえば、警官は訊問所に自首してきた農

樺戸集治監（北海道、月形樺戸博物館）

寅市が逃れた高知市土佐山

民を、まず、有無も言わせず生木で叩いてから訊問におよんだ。蜂起に批判的であった貴布祢神社の神主・田中千弥が「警官は暴徒の二の手なり」と記録するほどであった。

裁判判決後、北海道などの各地の監獄に投獄された農民たちの中には、士族出身の多い監守たちに苛酷な待遇を受け、刑期なかばで獄死するものもあった。中には、刑期途中の死であるとして「位牌」が荒縄で送られてくるという理不尽な扱いを受けたという遺族の言い伝えも残っている。

また、あらゆるメディアを使って、秩父だけにこの事件を封じ込める手立てがとられた。

◆「暴徒」と呼ばれて

さらに他の激化事件のように〇〇事件ではなく、「秩父暴動・暴徒」呼ばわりが意識的につくられ、軍律五カ条とは裏腹のハレンチ行為が行われたかのような喧伝がなされたのである。

"ちょぼくれ"が唄われ、時には琵琶語りで、秩父の農民たちは「おだてもっこに乗せられ」、指導者たちは「お金を懐に入れて逃げた」と、はやしたてられたのである。そうしたなかで、1972年、100歳近くの長命であった風布の田島近蔵翁は、次のように秩父音頭の節で唄っていた。「秩父暴徒は吉田を出でて　すぐに小鹿野に乱入いたし　田代栄助そのときこそは壇にのぼったその勇ましさ」と。

風布組の人々は、10年後の釜伏神社の祭礼には、困民党指導者たちの名前を染め抜いた祭礼旗をはためかせたのである。この年は秩父事件10年、そして本格的対外戦争である日清戦争勃発の年であった。

◆「伝蔵伝説」など

　吉田村の民衆は「伝蔵伝説」（38ページ）を残し、風布村の民衆は実際には通っていない「処刑された田代総理を手越しで峠を越えさせた」という言い伝えを残している。

　秩父事件参加の農民たちが「天下の政治を直し人民を自由ならしめんと欲し」、「圧政を変じて良政に改め、自由の世界として人民を安楽ならしむべし」、「天朝さまに敵対するから」、「世界平均のため」、「国民の幸福」等の言葉を現代の私たちに残している。

　一方、板垣退助監修『自由党史』は秩父事件を自由民権運動から切り離す評価を下した。

◆各地にのがれた人々

　田代をはじめ、指導層が逮捕されるなか、逃げ続ける幹部たちがいた。落合寅市、飯塚森蔵、井上伝蔵、井上善作、島崎嘉四郎らである。

　そのひとり落合寅市は、土佐の板垣退助のもとに身を潜めた。粥新田峠の戦闘後に、板垣を頼り、自由党員の家に匿われていたが、同志たちの処刑を聞き「このままでは同志の志を無にする。他の同志と一緒に国家に尽くせば我が義務は果たせる」と考えて上京して大井のもとを訪ね、大阪事件に関係する。1885年10月に下関で逮捕された。

　大阪事件では軽罪であったが、秩父事件の欠席裁判では重懲役12年が科せられ、獄中生活は苛酷なものであった。恩赦の出獄後に救世軍の帽子を被り、かばんを下げて歩く姿を事件参加者の遺族たちは目撃している。

　寅市は秩父事件の顕彰活動を進めていった。なお、寅市の墓のひとつは、加波山事件に関係した茨城県人・小久保喜七が揮毫したものである。

　同じ四国に逃れた人物に乙大隊長・飯塚森蔵がいる。伊予に潜伏していたことが森蔵の縁者によって探査された。九州にもその戸籍が発見されている。森蔵については北海道に潜伏していたとの説もあるが不明である。

　下吉田村の井上善作は、欠席裁判で軽懲役6年6月を科せられた。早くからの困民党組織者で伝蔵の手足となって活躍し、事件時は地味な兵糧方として動いている。4日に田代栄助に後事を託されたという裁判記録があるが、粥新田峠に姿を現してからのちは、いまだにその行方はわかっていない。

北海道に潜伏した
井上伝蔵
（いのうえでんぞう）

1918（大正7）年、「釧路新聞」の岡部清太郎記者による記事が、多くの人々の目を釘づけにした。そこには、伊藤房次郎の変名で北海道の野付牛（現北見市）に潜伏し、再起をはかるため逃亡していた会計長・井上伝蔵の生涯が描かれていたのである。

事件から35年が経過していた。その後東京の新聞にも、彼の死が掲載されたのである。

伝蔵は、1854（安政元）年に下吉田村に生まれ、「丸井の旦那」として人望をあつめ、横浜にも生糸貿易で出向いていた。

村上泰治が逮捕投獄されてからは自由党秩父部の中心として大井憲太郎などと連絡を取りながら自由民権運動をすすめており、自由党の全国的な動向をつかみ得る位置にあった。松方デフレの進展で困窮化が進む農民を救済するために、困民党を組織化する中心のひとりとして活躍し、田代栄助を総理に迎えることに尽力した。蜂起時には会計長として活躍していた。

4日の本部解体後は、下吉田村関耕地の斎藤家の土蔵に1年近くも隠れすんで、再起の時機を待ち、その後自由党同志のつてをたどって仙台からやがて北海道野付牛（現北見市）に行き、代書業などを営みながら再起を期していた。

憲法恩赦が新聞に報ぜられた後も潜伏を続けた。現地では俳句など文人としての姿も残しているが、北海道で結婚した妻には、どう問われても自らの出自を答えなかった。

それを語ったのは死期が近付いたのを悟ってからであった。枕元に息子だけを呼び寄せて、初めて自分が秩父事件の幹部であることを話したのである。

最後の家族写真が残っているが、伝蔵は亡くなった同志たちの追悼を頼んで息を引き取った。その後、子息・洋（ひろむ）は父に代わって秩父に赴いたのである。事件88周年の時、屋敷跡に、追念碑が建てられた。

死の10余時間前の井上伝蔵

甲府に潜伏した
島崎嘉四郎（しまざきかしろう）

島崎嘉四郎は、事件当時26歳。上吉田村千鹿谷の出身で「千谷の大将」とよばれていた。日尾（ひお）・藤倉（ふじくら）の駆り出しを進めるなど、ゲリラの隊長の役目を果たした。

4日の困民党本隊の解体後、ゲリラ隊をまとめて児玉に向かおうとしたが、金屋の敗戦を知った。そのため信州への進路をとろうとしていた菊池貫平隊に合流する方針を採った。5日深夜、途中の椋神社で、多数の軍隊・警官隊がくるとの報に接した嘉四郎は、「最早己レハ信州地ニ立越、多人数ヲ集メ再ビ当地ヘ立越スベシ仍テ（よって）命ノ惜シキ者ハ勝手ニ帰レ。信州ヨリ人数ヲ集メテ再度来ルベシ、ソノ際直チニ駆付ケヨ」と演説したことは、嘉四郎の名を秩父事件に残すことになった。

その後20名くらいを引き連れ貫平隊と合流し、幹部として山中谷から信州へと活躍した。9日午後、信州野辺山高原を最後に消息を断った。弟・弥重もゲリラ隊として活動していた。

嘉四郎自身の史料は、物色票が残っているだけで、信州からはその姿はわからなかった。秩父事件100周年を間近にした1983年、旧

吉田町の郷土史家・小林弌郎氏らが山梨日々新聞社の協力を得て、旧吉田町の島崎家に送られてきた一枚の写真を手がかりに調査を進め、事実が判明した。

嘉四郎は山梨県甲府市に1902年に行き、千野多重（ちのたじゅう）という名で乗合馬車の御者をしていたのであった。現地で、酒井たつを妻とし、1919（大正8）年6月21日に亡くなっている。生家に送られてきていたその写真は正月に撮ったものであった。

墓は、甲府市若松町の信立寺にあり、墓石には、「千野多重之墓」と刻まれている。行年60歳。

この甲府は、1886（明治19）年に、菊池貫平が逮捕された土地でもある。

秩父事件処分一覧

刑	氏名
死刑	田代栄助　加藤織平 新井周三郎　高岸善吉 坂本宗作　加藤太治郎 小林西蔵　新井貞吉 （以上執行）菊池貫平 井上伝蔵　飯塚森蔵 高岸団作
無期徒刑	堀口栄次郎　柿崎義藤
有期徒刑15年	森川作蔵　宮川寅五郎 女部田梅吉　大野長四郎 伊奈野文次郎
有期徒刑12年	小森茂作　高野作太郎
重懲役11年	門平惣平
重懲役10年	落合寅市
重懲役9年6月	宮川津盛
重懲役9年	小柏常次郎　堀口幸助
軽懲役8年	萩原勘次郎　門松庄右衛門 吉沢庄左衛門 新井輝蔵　井出為吉 柴岡熊吉　横田周作
軽懲役7年6月	大野福次郎　大野苗吉 村竹茂市　犬木寿作 遠田宇市
軽懲役7年	今井幸三郎　守岩次郎吉 大野又吉
軽懲役6年6月	高岸駅蔵　新井悌次郎 柳原正男　菅沼鍋吉 井上善作
軽懲役6年	新井駒蔵　新井紋蔵 新井甚作　石田造酒八 新井浅吉　坂本伊三郎 新井寅吉　大塚勝之助
重禁固5年	浅見伊八　反町嘉平 木戸為三　今井弥作 新井郡次郎
重禁固4年6月	千島周作
重禁固4年	新井繁太郎　木下武平
重禁固3年9月	新井卯市
重禁固3年6月	大河原三代吉　島田清三郎 島田幸右衛門　木村又吉
重禁固3年	磯田勝太郎　宮下茂十郎 田島倉次郎　柴崎才次郎 新井与平　相良勝三郎
重禁固2年6月	浅見嘉七　新井関蔵 森田稲蔵　阿左見悦三 千本松吉兵衛　中沢鶴吉 古室徳三郎
重禁固2年	新井由松　加藤石蔵 新井蒔蔵　新井武平 逸見福二郎　黒沢仙二郎 宮下沢五郎　立崎辰次郎 今井国松　中島善太郎 萩原清次郎
重禁固1年6月	加藤九蔵　加藤重三郎 引間元吉　新井卯太郎 黒田勘次郎　富所彦四郎 小林民十郎　高見沢薫
重禁固1年	磯田左馬吉　大沼太市 野沢今朝吉　富田政太郎 柳新十郎　坂本弁次郎 新井伊之八　坂本藤次郎 町田定吉　市河要作 中島春蔵　小林弥十郎 大塚孫一郎　和田利七 小林吉郎平　黒沢熊太郎 黒沢仙二郎　坂町政吉 田村金平　新井玉吉

（禁錮1年未満36名は省略）

裁判所の判決

刑罰別集計

県名	死刑	徒刑	重懲役	軽懲役	重禁固	罰金・科料	計
埼玉	10	7	3	23	58	3038	3139
群馬	1	0	2	4	10	122	139
長野他	1	2	0	1	32	507	543
計	12	9	5	28	100	3667	3821

⑬文書は語る

　秩父事件については、各種の膨大な史料が残されている。その中には、裁判資料をはじめ、参加した農民たちの肉声を記録したものも少なくない。これらの資料は、秩父事件の実像を明らかにする上で大きな役割を果たしてきた。

　興味を持たれた方は、活字になった史料集にふれてみるとよい。秩父事件の世界がいっそう広がってくるに違いない。

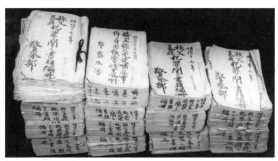

裁判関係書類
　群馬県議会図書室に保存されている膨大な「秩父暴徒犯罪ニ関スル書類編冊」など。

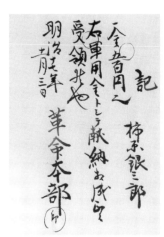

革命本部と書かれた領収書
　困民軍が強借した軍用金の領収証。井出為吉が書いたものといわれる。

93

井出為吉の蔵書

蔵から出てきたフランス法律書や仏国革命史、財産平均論など73冊あった。

村上泰治家文書

浦和裁判所の送達書や照山峻三謀殺事件の裁判予審終結言渡書などが残っている。

高野寿夫家文書

『連合町村議事録』には1879（明治12年）、「自由」「権利」などの言葉が語られている。議員のうち17名が事件に参加した。

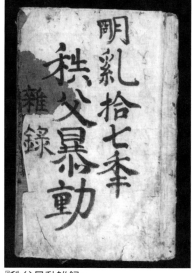

『秩父暴動雑録』

貴布祢神社神官の田中千弥が書き残した『雑録』は、第一級の民衆史料といわれる。

『吉田林五郎日誌』
　小森村（旧両神村）の官選戸長吉田林五郎が記録した明治17年7月13日より12月29日までの日誌。小森村における事件の動きと官選戸長の仕事がわかる。

『秩父暴動事件概略』
　通称『矢尾日記』と呼ばれ、当時の大宮郷の様子がわかる。

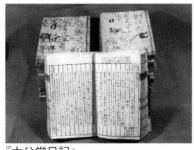

『木公堂日記』
　両神村の農民柴崎谷蔵（木公堂晴雪）が慶応3年から明治34年まで書き続けた日記。当時の天候や村の様子がわかる。

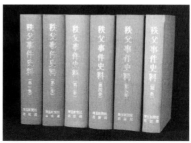

『秩父事件史料』『秩父事件史料集成』
　秩父事件についての史料が網羅されている。

⑭復権と新たな研究・顕彰をめざして

■はじめての記念集会

秩父事件を記念する集会が初めて開かれたのは、1954年11月、秩父市での「秩父事件70周年記念と映画の夕べ」であった。これは秩父地域の民主勢力と当時国民的歴史学運動をすすめていた東京の歴史学徒たちによって開催された。

当時、事件は「暴動」、参加者は「暴徒」であり、事件参加者の遺族や子孫は沈黙せざるをえない状況にあったために、それに抗して準備された集会は、秩父における秩父事件の進歩的伝統を顕彰して、事件とその参加者を復権させるための序幕となるものであった。

70周年の集会 演壇は平野義太郎氏
（提供中澤市朗）

■遺族が参加した88周年集会

井上幸治著『秩父事件』（中公新書）が発刊されたのが1968年だが、地域における事件評価はほとんど変化していなかった。これをうちやぶる役割を果たしたのが、1972年10月、秩父事件蜂起の地・吉田町で開催した、埼玉県歴史教育者協議会・秩父歴史教育者協議会・秩父教育の会主催による「秩父事件88周年記念集会」であった。

秩父歴史教育者協議会による事件参加者調査の結果23名の子孫の出席を得、会場には地元秩父をはじめ、埼玉関東近県からの500余人の参加者があった。参加したある子孫は「88年ぶりに秩父事件が陽の目をみた」と語った。この集会は事件参加

88周年 はじめての遺族の参加

者の子孫たちが「暴動」「暴徒」の汚名から解放される契機となった。集会では「秩父事件100年には顕彰碑を建立しよう」とのよびかけがなされた。

■北海道と結んで開かれた90周年集会

1974年11月、「秩父事件90周年記念集会」が秩父市で開催された。この集会は、北海道で獄死した事件参加者を掘り起こし、それを顕彰する「秩父事件90周年北海道集会」と連動しながら開かれたところに特徴があった。

会場には、北は北海道から南は九州まで、900名が参加して全国的な集会となった。集会は「秩父事件だけでなく自由民権運動の歴史を掘り起こし、顕彰していく運動を全国的な規模でくりひろげていこう」と参加者によびかけた。

集会の翌日、秩父から信州への「史跡探訪・秩父困民党の旅」が実施され、これにはTBS『歴史はここに始まる』の撮影隊も加わった。山中谷の宿舎において、遺族子孫たちが「秩父事件遺族会」結成を誓い合い、翌年にそれが実現した。

■上州、信州と結んで

群馬側の事件参加者の掘り起こしは、90周年記念集会以降急速にすすめられた。その成果を学ぶために、1978年11月の秩父事件94周年には、「秩父困民党の源流をたずねて―秩父から上州へ」のフィールドワークと「秩父困民党を語る夕べ」が上州日野谷で開催され、群馬側の事件参加者の子孫も参加した。

1980年11月の96周年には、信州民権100年実行委員会・八千穂夏期大学・秩父事件顕彰運動実行委員会との共催で、最後の激戦地となった八千穂村で「秩父事件96周年記念集会」と東馬流の「秩父暴徒戦死者之墓」で「墓前祭」が開催された。

秩父だけでなく事件の舞台となった上州・信州で、これを顕彰する集会が開催されたことの意義は大きい。

このほか90周年からの10年間は、秩父事件を学び、掘り起こしを進める団体がいくつも結成され、新たな事実を発掘し、多くの労作が生みだされた。また、文学、絵画、写真、演劇、映画などにたずさわる人々が事件に関心をよせ、それぞれの分野から事件を形象化してきた。

■自由民権100年

1981年11月、横浜市にある神奈川県民ホールで「自由民権と現代」をテーマに「自由民権100年全国集会」が開かれた。集会には沖縄から北海道にいたる全国各地から4000名が集まった。

秩父からも遺族・子孫をはじめ、研究者、教員、市民などが参加し、研究と運動を交流しあった。

このような全国集会が持たれた経

100年の集会（秩父）　遺族の紹介

緯について、自由民権100年全国集会編「自由民権百年の記録」（三省堂）は次のようにいう。

「自由民権100年を記念しようとの声が各地からあがる直接のきっかけとなったのは、1974年の秩父事件90周年の集会を機に、各地の自由民権研究サークルの連絡がとられはじめたことでした。すでに各地の自由民権運動の研究サークルの活発な活動がはじまっていましたが、これ以後、こうした運動は目を見はる勢いで広まりました」

■ 秩父事件100年記念碑の建立

"100年には顕彰碑を建立しよう"とよびかけた「88周年記念集会」から11年たった1983年8月、秩父事件百周年吉田町記念事業推進委員会が発足し、秩父事件顕彰運動実行委員会との共同の事業として記念碑建立を決めた。

そして事件の復権を願う人々の寄付金によって、翌年11月、蜂起の地吉田町椋神社の境内にブロンズの「青年像」と「秩父事件百年の碑」が建立された。

碑文には農民たちの要求、その思想と行動が述べられ、「ここに、父祖たちの鎮魂とともに事績を顕らかにし、その遺産を継承すべく記念碑を建て、自由への狼火が、わが秩父谷にあげられた証としたい」と結ばれている。

また、多くの戦士を輩出した風布には、寄居町郷土史研究会が「秩父事件追念碑」を建立。さらに信州では、北相木村の秩父事件100周年顕彰委員会によって「自由民権の雄叫び」の顕彰碑と、事件最後の激戦地となった八千穂村に佐久秩父事件100周年顕彰実行委員会の手で「秩父困民党散華之地」の碑が建立された。

1984年11月、秩父事件100年記念事業実行委員会による「秩父事件100年記念大集会」が、秩父市民会館に約1000人の参加者を集めて開かれ、埼玉・群馬・長野から参加した50余名の遺族 子孫の方々が胸を張って壇上に並んだ。

■ 新たな研究と顕彰をめざして

秩父事件101周年の1985年11月、これまでの事件研究と顕彰運動を継承し発展させることを目的に、「秩父事件研究顕彰協議会」が発足した。

自由民権全国集会が開かれてから10年にあたる1991年10月には、この会のよびかけで歴史研究団体・労働組合・民主団体で実行委員会を

つくり、「自由民権110年 秩父事件107周年記念集会」が東京神田パンセに450名を集めて開かれた。

それから3年後、吉田町椋神社に青年像と記念碑を建立して10年後の1994年11月、秩父事件110周年を記念して、吉田町が椋神社での碑前祭と、やまなみ会館で記念集会を開催した。

秩父事件研究顕彰協議会は、事件100年以降史跡探訪が増加していることから、1992年に『秩父事件ガイドブック』（新日本出版社）を刊行した。

この発刊を契機にガイドブックにもとづくフィールドワークを春と秋に実施してきた。これまでに参加者はのべ1000人を超える。

会結成以来開催している研究会は20回になる。これまでに要求4項目の背景の解明や自由党と困民党の関係、『自由新聞』に公表されていない自由党員の探求など新たな研究が報告されてきた。また、1990年から始めた東京勉強会は近年隔月で開催するようになり、上州側の掘り起こしをも進め、新たな事実を発掘している。

1999年8月には、事件115周年を記念して群馬県中里村教育委員会との共催でシンポジウム「中里村と秩父事件」を開催し、200余名が参加して成功を収めた。

2004年8月、事件120周年を記念して秩父市吉田で2日間にわたりフィールドワークとシンポジウムを開催した（主催・秩父事件研究顕彰協議会）。2日目の午後には映画「草の乱」の試写会が行われ、地元旧吉田町の皆さんが観劇した。

2009年11月事件125周年は映画「草の乱」上映と講演を秩父市で行った。講演は篠田健一秩父事件研究顕彰協議会事務局長の「封印された歴史を開く」だった。

2014年11月、事件130周年は秩父市内フィールドワークと、俳優菅原文太氏の「秩父事件と私」だった。講師の話に勇気づけられたという感想が多かった。

2019年11月、事件135周年は信州小海町において、2日間にわたり「フォーラム in 小海町」と題してシンポジウムとフィールドワークを実施した。主催は小海町史談会と秩父事件研究顕彰協議会。

秩父事件記念碑一覧

碑名	場所	建立者	建立年月

◆事件記念碑

碑名	場所	建立者	建立年月
秩父事件追念碑	寄居町風布・金毘羅神社	寄居郷土史研究会	1984.1
秩父事件顕彰碑	寄居町風布・金毘羅神社	JR東労組	1994.10.31
秩父事件百年の碑 秩父事件記念像	旧吉田町・椋神社	秩父事件百周年吉田町記念事業推進委員会／秩父事件顕彰運動実行委員会	1984.11.1
秩父事件殉難之地	旧吉田町・清泉寺前	秩父事件遺族会	1984.11
秩父困民党無名戦士之墓	秩父市・札所23番音楽寺	秩父困民党決起百年記念事業委員会	1978.11.2
秩父事件追念碑	秩父市羊山公園	落合九二緒氏（寅市の子息）	1965.11
秩父事件死者之墓	旧児玉町・円通寺	円通寺	1981.
秩父困民党散華之地 菊池貫平・井出為吉像	佐久穂町高岩	佐久秩父事件百周年顕彰実行委員会	1984.9
秩父暴徒戦死者之墓	小海町東馬流・諏訪神社	菊池貫平孫共	1933.11.9
秩父事件顕彰碑	小海町東馬流・諏訪神社	JR東労組	1994.11.9
自由民権の雄叫び	北相木村・諏訪神社	北相木村史談会／秩父事件百周年顕彰委員会	1984.10.28

◆その他の個人碑

碑名	場所	建立者	建立年月
加藤織平之墓	旧吉田町・石間	落合寅市ら	不明
自由党員落合寅市之墓	旧吉田町・半根子	落合九二緒	1949?
作太郎地蔵（高野作太郎）	旧吉田町・金剛院	高野岩松（作太郎の兄）	不明
埼玉県警部補窪田鷹男殉職之地	旧吉田町阿熊入口	吉田町長高田直三／小鹿野警察署	1943.12.13
埼玉県警部補窪田青木弐氏叙事碑記	秩父市・札所15番少林寺	埼玉県	1886.11.1
烈士鈴木安吉之碑	旧荒川村上田野	染谷きん（鈴木安吉の妻）、染谷きと	1931
金子惣太郎殉難之碑	皆野町栗谷瀬	子孫・金子広治	1983.11
埼玉県警部補青木與市殉職之地	皆野町大渕	秩父警察署	1943.11.4
井出シャウ祠	小海町東馬流	有志惣代井出喜平半寛	1884～85頃
柱野・前川死事之碑	前橋市大手町前橋公園	群馬県知事佐藤與三	1886.11
柿崎義藤の碑	旧吉田町矢畑	柿崎家	2002

⑮秩父事件関係年表

1872（明治5）年	学制発布、品川―横浜間鉄道、富岡製糸場操業
1873（明治6）年	徴兵令発布、**地租改正条例公布**、徴兵反対一揆、参議西郷・板垣ら下野
1874（明治7）年	愛国公党結成、**民撰議院設立建白**、土佐立志社結成
1875（明治8）年	**新聞紙条例・讒謗律公布**、愛国社設立、福島石陽社結成
1876（明治9）年	江華島条約、西南各地士族反乱、**各地に地租改正反対一揆**
1877（明治10）年	**地租二分五厘に軽減**、西南戦争、片岡健吉ら国会開設建白、土佐林・大江ら挙兵計画（高知の大獄）、福島三民会規則
1878（明治11）年	「三新法」公布、参謀本部の独立（統帥権独立への端緒）、竹橋事件・愛国社再興大会、**各地に民権政治結社おこる**
1880（明治13）年	愛国社「国会期成同盟会」と改称、**各地で国会開設請願**
1881（明治14）年	**松方財政**――雑収税新設・地方税の強制税化・支出抑制など
10月12日	**十四年政変**――国会開設の詔勅 大隈ら更迭、集会条例
29日	**自由党結成**――総理板垣退助
1882（明治15）年	軍人勅諭発布、外征軍体制の整備開始、後半から不況局面
3月14日	立憲改進党結成――総理大隈重信
5月12日	**福島県会議案毎号否決決議**――三方道路建設と自由党弾圧で県会が県令三島通庸と対決、のち会津自由党は権利恢復同盟を結成し、「自由・自治」の農民闘争に発展
6月3日	**集会条例追加改正**――政党地方部禁止、警官の集会解散権
11月11日	板垣退助 後藤象二郎欧米外遊――自由党内で対立生む
28日	**喜多方事件**――弾正ヶ原で農民数千人の抗議集会、約2000人が検挙され河野広中ら6人が内乱罪、自由党本部派遣の土佐・群馬など支援自由党員も多数逮捕
1883（明治16）年	**不況の深刻化**――米生糸価格などの下落、金融梗塞
3月中旬	**群馬第一次農民騒擾**――北甘楽・多胡周辺と妙義山麓の養蚕地帯で農民が生産会社と交渉、出訴・請願など集団行動
20日	高田事件――自由党赤井景昭ら26人が内乱陰謀罪で逮捕
4月16日	自由党常備員幹事会が10万円募金決議
10月30日	三島通庸が栃木県令兼任――県庁移転表明、栃木自由党幹部勾引、栃木・茨城・福島自由党有志が専制政府打倒へ合流
11月初旬	**群馬第二次農民騒擾**――西群馬郡穀倉地帯で、生産会社への返済延期と地租軽減延納を郡役所・県庁へ嘆願し集団行動

16日	**自由党臨時大会**――「解党し政府打倒の挙兵」が多数意見、旧地方部解散後の地方組織の強化、文武研究所「有一館」の建設、地方巡回員派遣、農民の組織化、募金計画など決定
12月下旬	秩父郡役所へ高岸善吉・坂本宗作 落合寅市の初請願
1884（明治17）年	不況長期化、群馬事件・加波山事件・秩父事件あいつぐ
1月	上毛自由党の党員拡大運動――南北甘楽・多胡・緑野郡など西南部農村で大量拡大、3月には数百～千人規模の演説会
2月	**秩父自由党の大井憲太郎演説会、党員拡大運動**――以後、高岸善吉・落合寅市・坂本宗作・井上伝蔵らが自由党入党。蜂起までに中貧農層から公表・非公表あわせて百数十名が入党
3月13日	**自由党臨時大会**――板垣に全権委任、大井憲太郎常備委員、大会と並行して専制政府打倒の有志盟約がひろがる ◇秩父自由党の領袖村上泰治と高岸善吉が有志盟約に参加 ◇大会後、盟約関係の仙波兵庫（茨城）、鈴木音高（静岡）が伊賀我何人に伴われ高崎を訪れ、上毛自由党幹部と会談 ◇この頃栃木の鯉沼九八郎が爆裂弾試作に成功、加波山事件グループが当初計画（新貴族祝賀宴会襲撃）に向かう
4月17日	**照山峻三殺害事件**――のち村上泰治・上毛自由党幹部ら収監
20日	小林安兵衛・三浦桃之助ら上毛自由党在地活動家が談合し、高崎線開通式に参加する大臣顕官の襲撃計画を企画
5月7日	三浦桃之助・小柏常次郎の秩父オルグ――児玉上野文平宅の群馬蜂起準備会議で、宮部襄の時期尚早論を伝えた三浦が小林らと対立、小柏と農民軍組織化を依頼に秩父へ出発
15日	**群馬事件おこる**――高崎線開通式延期や内部の路線対立で当初計画とは異なる上丹生生産会社岡部為吉家への農民の襲撃におわる
16日	大井憲太郎が自由党本部諮問兼常備員を辞任
21日	**照山事件で村上泰治家宅捜索**――村上は脱出し6月に東京で逮捕、新井愧三郎・長坂八郎・深井卓爾・宮部襄らの逮捕があいつぎ、上毛自由党指導部は崩壊する
6月25日	日本鉄道上野 高崎間開通――軍事輸送優先の付則（11月4日午前11時半上野駅発の列車が東京鎮台兵輸送に徴発）このころ、秩父地方は長雨により農業への被害が大
8月10日	**和田山集会**――高岸善吉ら自由党員による初の困民党集会 有一館開設――加波山事件若手グループが寄宿する
21日	井上善作と飯塚森蔵が田代栄助に秩父困民党への参加要請におもむくが栄助は不在
27日	和田山集会――高岸善吉ら27名が参会、下山後全員が勾引
9月2日	堀口幸助らが田代栄助を再度訪問し、困民党に参加を要請
6日	阿熊村新井駒吉宅で困民党幹部会議－田代栄作が初参加 粟野山集会――約160人参加、警官隊に解散させられる
7日	上吉田村高岸善吉宅で困民党幹部会議――運動方針を決定
8日	蓑山集会――高岸善吉ら27人が参加、警官隊によって解散

	20日	井上伝蔵が自由党本部を訪問
	23日	**加波山事件おこる**——福島・茨城・栃木・愛知の有志党員が9月15日宇都宮栃木県庁開庁式に列席する大臣顕官の襲撃を企画、察知されて計画を変更したが、結局は加波山で警官隊との戦闘のすえ鎮圧された。富松正安はじめ死刑7人・無期7人・有期刑4人・死者2人
	27日	千鹿谷集会
	30日	**大宮郷警察署へ高利貸説諭の請願**——高岸善吉ら4人が郡内28ヵ村債務者を代表し連署文書で警察と交渉、結集した人々の意思確認を行う集会を認めさせたが、請願を却下される
10月4日		**高利貸への集団交渉開始**
	10日	岩殿沢会議——請願運動を協議
	12日	**下吉田村井上伝蔵宅幹部会議**——困民党の武装蜂起を決定
	14日	横瀬村で資金強奪作戦
	15日	西ノ入村で資金強奪作戦
	20日	北相木村菊池貫平らに粟野山会議を連絡 西ノ入村新井周三郎宅で会議
	22日	大井憲太郎が秩父蜂起中止の説客派遣(氏家直国か)
	26日	**石間村粟野山会議**——蜂起を11月1日と決定
	27日	飯塚・門平惣平が北相木自由党に連絡に行く。小柏常次郎ら上州へオルグに行く。菊池貫平ら秩父に向けて出発
	28日	菊池貫平・井出為吉、石間村に到着
	29日	自由党、大阪で解党大会
	30日	**上日野沢村小前会議**——11月1日の蜂起を再確認 上州日野谷から先発隊が秩父へ出発
	31日	**門平宅会議**——秩父困民党組織の役割分担を決定 風布村琴平神社集会——午後7時、大野苗吉らの指揮で下吉田に向う。新井周三郎らが金崎村永保社を襲撃
11月1日		**下吉田村椋神社武装蜂起**——農民約3000人が結集(「秩父暴動実話」)。午後7時、菊池貫平が困民党軍役割表・軍律五ヵ条を発表。新田騒擾事件おこる **午後8時、甲・乙2隊に分け椋神社を出発** ※[同10時:内務省着第1報(埼玉県書記官打電)——風布蜂起と金崎の事態を報告『逮捕20人、まだ鎮静せず』] 午後11時、困民党軍は小鹿野町に到達し、高利貸集団交渉・焼き討ち、当夜は諏訪神社に露営
	2日	**午前6時、小鹿野町を出発、正午頃に大宮郷に入る。郡役所を占拠し本陣とする。総勢7~8,000人から1万人** ※[午後:内務省着第2報(同上)——小鹿野・大宮郷実情報告、蜂起の勢猖獗、巡査7人死傷、憲兵派遣を要請] ※[同:太政大臣三条実美宛上申(内務卿山県有朋)——警部巡査による鎮静困難、憲兵派遣を陸軍卿に照会ずみ] ※[同:内閣書記官発=陸甲171号=東京憲兵隊三小隊至急埼玉県下出張を通達(大臣花押・参議7人連署印)]

3日	※ [午前8時：内務省着第3報（同上）警察署・郡役所・裁判所を焼く、1,500名を二手にわけ一手は小川を越え川越で合併し県庁に乱入の見込み、巡査を秩父に派遣して手薄のため警察庁巡査70名の迅速な派遣を要請] **東京憲兵隊出動**——困民党軍は、甲―武の鼻渡し、乙―大野原村、丙―大宮郷の三隊を編成し防御体制をしく ※ [午前12時：内務省着第4報（同上）——蜂起の一隊は寄居、他隊1,500名は一手が名栗村、他の一手が小川へ進撃し川越を襲う模様、比企郡の政党等応援の情勢] **午後3時、困民党軍が親鼻の渡し付近で憲兵隊と銃撃戦** ※ [午後8時：内務省着第5報（同上）——午後2時派遣の一小隊を川越、内半小隊を上名栗村へ、一小隊を熊谷、半小隊を比企郡小川村に進め、川越の警備は心配なし]
4日	※ [午前3時：内務省着第6報（同上）——寄居出張の県令と春田憲兵少佐より同地危険の報、憲兵は一小隊川越、一小隊松山と寄居に派遣、至急東京鎮台兵の派遣要請] ※ [午前4時半：電報局長着（同上）——金崎憲兵先鋒隊の報告『皆野集結の勢力は益々猖獗で憲兵不足』] ※ [午前9時：警保局長着（同上）午前5時5分児玉町出張の諸井郡長報告『蜂起勢力は野上宝登山に籠り憲兵が矢那瀬より突けば、金沢太駄村から児玉へ入る模様。至急鎮台兵の児玉派遣を要請する』] **朝、甲大隊長新井周三郎が大渕村で斬られて混乱がおきる。** **午前11時30分、上野駅発列車を徴発し東京鎮台一大隊派兵、** 午後3時頃、石間村半納で警官隊と戦闘 **午後3時、田代栄助ら幹部が皆野を離れ困民党軍本陣解体** **午後11時、金屋の戦い**——東京鎮台歩兵第三連隊の一大隊に待ちぶせ攻撃をうけ困民党軍敗退
5日	**軍隊・警官隊が大宮郷を奪還** 朝、粥新田峠で戦闘 **菊池貫平指揮の国民党軍140~150人が山中谷へ**——矢久峠を越え、青梨村から正午ころ魚尾村に入り、夕刻神ヶ原村に到着、当夜は同地に宿営する [太政大臣三条実美宛（陸軍卿西郷従道）——乙115 東京鎮台歩兵第一連隊第二大隊及び騎兵第一大隊の一小隊を飯能へ派遣。——（同）乙116 埼玉県令の請求により、高崎屯在兵十五連隊の一中隊を藤岡駅へ派遣]
6日	**朝、神流川谷筋で連合自警団と撃ちあう**——戸長の組織した相原連合村自警団16人が困民党軍魚尾警備要員3人を捕縛、これを機に銃撃戦となる。分署の指示で編成した万場連合村自警団も動き、鬼石方面への進路が遮断された 正午まえ、困民党軍は200人を越える勢力で信州への進路をとり、檜原村字白井に到着、同地に宿営
7日	困民党軍240~300人に増加、十石峠を越えて信州大日向村に入る。同村竜興寺に宿営
8日	困民党軍約340人 東馬流に宿営
9日	**明け方に馬流の戦闘**——東京鎮台高崎分営兵と長野県警察隊の迎撃をうけ、困民党軍午後2時ごろ野辺山高原に潰走。新井周三郎が西ノ入村明善寺で捕らわる

	11日	上州多胡郡内に、新井多六郎らしき人物が神保村辛科神社への結集を呼びかける檄文を貼る
	14日	夜、田代栄助が黒谷村で捕らわれる
1885年2月28日		浦和重罪裁判所で田代栄助、加藤織平に死刑判決
	5月17日	熊谷監獄支所で田代、加藤、新井、高岸が死刑執行される
	18日	前橋監獄で小林西蔵、新井貞吉が死刑執行される。浦和重罪裁判所で坂本宗作に死刑判決
1887年5月23日		東京市ヶ谷監獄分署で加藤太治郎が死刑執行される

⑯もっと秩父事件を知りたい人に

文献案内

◆概説書

井上幸治『秩父事件』中公新書（秩父事件を自由民権運動の最後にして最高の形態と評価。適切な秩父事件入門書）1968

井上幸治『完本秩父事件』藤原書店（著者の秩父事件研究の集大成）1994

中澤市朗『改訂版自由民権の民衆像』新日本新書（秩父事件の全貌と事件顕彰をあわせた入門書）1996

江袋文男『秩父騒動』大和学芸図書（戦後はじめての秩父事件通史）1981（初版1950年、再版1956年、いずれも秩父新聞出版部）

浅見好夫『秩父事件史』言叢社（前書の完全版）1990

秩父事件研究顕彰協議会編『秩父事件―圧政ヲ変ジテ自由ノ世界ヲ』新日本出版社 2004年（集団討議を重ねて執筆され、事件後まで記述し初心者にもわかりやすい）

◆資料集

小野文雄・江袋文男監修『秩父事件史料』（全6巻）埼玉新聞社 1971-79.

井上幸治・色川大吉・山田昭次編『秩父事件史料集成』（全6巻）二玄社 1984-89

井出孫六編著『自由自治元年』現代史出版会（教養文庫）1975

埼玉自由民権運動研究会編『埼玉自由民権運動史料』埼玉新聞社 1984

◆写真集

清水武甲『秩父悲歌』春秋社 1971

井上光三郎・品川栄嗣『写真でみる秩父事件』新人物往来社 1982

◆調査・研究書

中澤市朗編『秩父困民党に生きた人びと』現代史出版会 1977

中澤市朗『秩父事件探索』新日本出版社 1984

中澤市朗『歴史紀行秩父事件』新日本出版社 1991

新井佐次郎『秩父事件―震源地からの証言』新人物往来社 1979

新井佐次郎『秩父困民軍会計長井上伝蔵』新人物往来社 1981

戸井昌造『秩父事件を歩く』（三部作）新人物往来社 1978-82

小池喜孝『鎖塚』現代史出版会 1973

小池喜孝『秩父颪」』現代史出版会 1974

小池喜孝『伝蔵と森蔵』現代史出版会 1976

井出孫六『秩父困民党群像』新人物往来社 1973

井出孫六『峠の廃道』二月社 1975

井出孫六『秩父困民党紀行』平凡社 1978

井出孫六『秩父困民党』講談社現代新書 1979

古林安雄『秩父事件―吉田町石間を中心として』私家版 1981

高野寿夫『秩父事件 子孫からの報告』木馬書館 1981

森山軍治郎『民衆蜂起と祭り―秩父事件と伝統文化』筑摩書房 1981

千島 寿『困民党蜂起―秩父農民戦争と田代栄助論』田畑書店 1983

Aコルベジェ『火の種蒔き-1884年秩父事件』あかし書房 1983.

大沼田鶴子他『女たちの秩父事件』新人物往来社 1984

春田国男『裁かれる日々―秩父事件と明治の裁判』日本評論社 1985

八千穂夏季大学実行委員会編『民衆大学秩父事件〈佐久戦争〉』銀河書房 1984

稲田雅洋『日本近代社会成立期の民衆運動』筑摩書房 1990

新井広司『秩父事件と西南上州』煥乎堂 1997

高橋哲郎『律儀なれど、仁侠者―秩父困民党総理田代栄助』現代企画室 1998

中嶋幸三『井上伝蔵―秩父事件と俳句』邑書林 2000

中嶋幸三『井上伝蔵とその時代』埼玉新聞社 2004

野口正士『石碑が語る秩父事件』私家版 2014

古林安雄『秩父事件―自由困民党の戦い』埼玉新聞社 2014

黒沢正則『現政府ヲ転覆シ直ニ国会ヲ開ク革命ノ乱ナリ』文芸社 2020

田丸誠『伊藤房次郎は井上伝蔵』NPO法人オホーツク文化協会 2021

黒沢正則『広域蜂起秩父事件―群馬人が秩父を動かした・世界遺産「高山社」』まつやま書房 2022

村田嘉行『秩父事件と持田鹿之助日記（上）―武装蜂起とその背景』私家版 初版 2014、改訂版 2022

村田嘉行『秩父事件と持田鹿之助日記（中）』私家版 2015

◆小説・詩・エッセイ・句集
西野辰吉『秩父困民党』講談社文庫 1972（初版は講談社 1956、東邦出版社版 1978）

真鍋元之『秩父困民党物語』国士社 1975

新井佐次郎『秩父事件小説集』まつやま書房 1981

新井佐次郎『秩父事件の妻たち』東京書籍 1984

春田国男『寅市走る』（全2巻）有朋舎 1983

春田国男『幻歌行 秩父困民党島崎嘉四郎の生涯』あゆみ出版 1984
下山二郎『炎の谷―秩父事件始末記』国書刊行会 1984
小泉忠孝『鎮魂秩父事件―祖父田代栄助の霊に捧ぐ』まつやま書房 1984
森哲郎『絵史・秩父事件』鳥影社 1984
保高みさ子『秩父事件の女たち』講談社 1987
大島寿二『長編叙事詩秩父事件考』青磁社 1988
浅尾忠男詩集『秩父困民紀行』新日本出版社 1992
浅尾忠男『困民党のバラード』光陽出版社 1997
根岸君夫『秩父事件連作画集』光陽出版社 1997
田島一彦『蜂起の賦』まつやま書房 2009
つねよし『漫画秩父困民党―暴徒と呼ばれた男たち』同時代社 2021
八木静子『小説秩父事件 伝蔵―困民党会計長』まつやま書房 2022
　　　* なかには現在手に入りにくいものがあります。

⑰フィールドワーク便利帳

市町村役場・教育委員会案内

役所名	郵便番号	住所	電話番号
秩父市役所	〒368-8686	埼玉県秩父市熊木町8-15	0494-22-2211
秩父市教育委員会	〒368-8686	埼玉県秩父市熊木町8-15	0494-25-5227
横瀬町役場	〒368-0072	埼玉県秩父郡横瀬町横瀬4545	0494-25-0111
横瀬町教育委員会	〒368-0072	埼玉県秩父郡横瀬町横瀬4545	0494-25-0118
皆野町役場	〒369-1412	埼玉県秩父郡皆野町皆野1420-1	0494-62-1230
皆野町教育委員会	〒369-1412	埼玉県秩父郡皆野町皆野1423	0494-62-4563
長瀞町役場	〒369-1304	埼玉県秩父郡長瀞町本野上1035-1	0494-66-3111
長瀞町教育委員会	〒369-1304	埼玉県秩父郡長瀞町本野上1035-1	0494-66-3111
小鹿野町役場	〒368-0192	埼玉県秩父郡小鹿野町小鹿野89	0494-75-1221
小鹿野町教育委員会	〒368-0192	埼玉県秩父郡小鹿野町小鹿野89	0494-75-5063
寄居町役場	〒369-1292	埼玉県大里郡寄居町寄居1180-1	0485-81-2121
寄居町教育委員会	〒369-1292	埼玉県大里郡寄居町寄居1180-1	0485-81-2121
本庄市役所	〒367-8501	埼玉県本庄市本庄3-5-3	0495-25-1111
本庄市教育委員会	〒367-8501	埼玉県本庄市本庄3-5-3	0495-25-1111
藤岡市役所	〒375-8601	群馬県藤岡市中栗須327	0274-22-1211
藤岡市教育委員会	〒375-0024	群馬県藤岡市藤岡1485	0274-50-8212
神流町役場	〒370-1592	群馬県多野郡神流町大字万場90-6	0274-57-2111
神流町教育委員会	〒370-1592	群馬県多野郡神流町大字万場90-6	0274-57-2111
上野村役場	〒370-1614	群馬県多野郡上野村大字川和11	0274-59-2111
上野村教育委員会	〒370-1614	群馬県多野郡上野村大字川和11	0274-59-2657
佐久穂町役場	〒384-0503	長野県南佐久郡佐久穂町大字高野町569	0267-86-2525
佐久穂町教育委員会	〒384-0503	長野県南佐久郡佐久穂町大字高野町569	0267-86-4940
北相木村役場	〒384-1201	長野県南佐久郡北相木村2744	0267-77-2111
北相木村教育委員会	〒384-1201	長野県南佐久郡北相木村2744	0267-77-2111

図書館・博物館・資料館

秩父市立秩父図書館	〒368-0035	埼玉県秩父市上町 3-6-27	0494-22-0943
秩父まつり会館	〒368-0041	埼玉県秩父市番場町 2-8	0494-23-1110
横瀬町歴史民俗資料館	〒368-0071	埼玉県秩父郡横瀬町横瀬 2000	0494-24-9650
埼玉県立自然の博物館	〒369-1305	埼玉県秩父郡長瀞町長瀞 1417-1	0494-66-0404
龍勢会館・井上伝蔵邸	〒369-1501	埼玉県秩父市吉田久長 32	0494-77-0333
石間交流学習館	〒369-1504	埼玉県秩父市吉田石間 2620-1	0494-77-6083
荒川歴史民俗資料館	〒369-1803	埼玉県秩父市荒川日野 76	0494-54-1058
大滝歴史民俗資料館	〒369-1901	埼玉県秩父市大滝 4277-4	0494-55-0021
浦山歴史民俗資料館	〒369-1801	埼玉県秩父市荒川久那 3805-7	0494-25-6121

※会館時間・休館日・料金等は各館にお問い合わせください。

観光情報案内 観光ガイドブック

秩父観光協会	〒368-0033	埼玉県秩父市野坂町 1-16-15	0494-21-2277
秩父観光総合案内所	〒368-0033	埼玉県秩父市野坂町 1-16-15	0494-24-7538

宿泊の問合せ

秩父旅館業協同組合　0494-24-7538

※群馬県・長野県については市町村役場等にお問い合わせください。

東京から秩父への電車案内

1　池袋から西武池袋線の西武秩父行で約2時間。直通特急では約1時間半。特急券が必要。西武秩父駅で、秩父鉄道御花畑駅に接続。
2　池袋から東武東上線で、小川町乗り換え。寄居まで約1時間半。寄居で秩父鉄道に接続。
3　JR八王子駅から八高線で東飯能へ約40分。東飯能で西武線に乗り換え約1時間。
4　JR上野駅から高崎線で熊谷駅まで約1時間。熊谷駅より秩父鉄道で秩父駅まで約1時間15分。

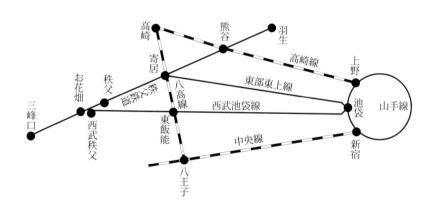

秩父事件研究顕彰協議会
（ちちぶじけんけんきゅうけんしょうきょうぎかい）

　　1985年11月、秩父事件百年記念事業実行委員会を母体に結成。記念集会・シンポジウムを開催するとともに、定期的に研究会やフィールドワークなどを行なっている。年6回の会報『秩父』を発行。著書に『秩父事件 ―圧制ヲ変ジテ自由ノ世界ヲ』（新日本出版社、2004年）がある。
　　本書は、1999年刊行の『ガイドブック秩父事件』を改訂したもの。

　事務局　〒368-0112　秩父郡小鹿野町三山　1422-1
　　　　　　吉瀬　総気付

◆編集委員

篠田健一　鈴木義治　吉瀬　総　菊池雅昭　高島千代　中嶋健二
深沢久雄　竹岡優子　葭田幸雄　村田嘉行

1999年版編集委員として、黒沢正則　品川栄嗣が参加している。

ガイドブック 秩父事件

1999年11月30日　初版第一刷発行
2024年9月25日　改訂版第一刷発行

編　者　秩父事件研究顕彰協議会
写　真　品川栄嗣
発行者　山本智紀
印　刷　株式会社シナノ
発行所　まつやま書房
　　　　〒355-0017　埼玉県東松山市松葉町3-2-5
　　　　Tel.0493-22-4162　Fax.0493-22-4460
　　　　郵便振替　00190-3-70394
　　　　URL:http://www.matsuyama-syobou.com/

　© OSAMU YOSHISE　ISBN978-4-89623-221-9 C0021

著者・出版社に無断で、この本の内容を転載・コピー・写真絵画その他これに準ずるものに利用することは著作権法に違反します。
乱丁・落丁本はお取り替えいたします。
定価はカバー・表紙に印刷してあります。